솔로몬에게
참된 지혜를
배웠으면 합니다.

이동원

열왕기상, 전도서, 잠언, 아가서를 중심으로

너희는 솔로몬에게 배우라

너희는 솔로몬에게 배우라

초판 발행   2025년 12월 01일

지은이   이동원
디자인   박인선
펴낸곳   압바암마
출판등록   제2012-000093호
주소   경기도 성남시 분당구 황새울로 200번길 28, 1104-35호(수내동, 오너스타워)
전화   031-710-5948
팩스   031-716-9464
이메일   webforleader@jiguchon.org

ISBN 979-11-24155-00-4 03230
값 14,000원

* 잘못된 책은 구입하신 곳에서 바꾸어 드립니다.
* 압바암마(abba amma)는 아람어로서 '아빠 엄마'라는 뜻입니다.

LEARN THE WISDOM
OF SOLOMON

너희는
솔로몬에게
배우라

성공과 실패, 보람과 허무의
역사를 남긴 사람!

압바암마

너희는 솔로몬에게 배우라

솔로몬은 성경 인물 중 놀랍게 매력적인 캐릭터입니다.
성공과 실패, 보람과 허무의 역사를 남긴 사람입니다.
그래서 성공을 추구하는 지도자들이 주목할 인물입니다.
보람과 의미를 추구하는 사람들이 주목할 사람입니다.

솔로몬의 인생은 성경 여러 곳에 흩어져 기록을 남깁니다.
아가서에서 젊은 날의 왕을 만나고,
잠언에서 중년 지도자 솔로몬을 만나고,
전도서에서 인생의 석양에 들어간 왕을 만나게 됩니다.

열왕기서에서 솔로몬의 행적을 시작하여
전도서와 아가서에서 마무리하는 동안 한 해가 지났습니다.

그동안 제가 섬기던 지구촌교회에 많은 일들이 있었습니다.
저는 교우들과 솔로몬의 행적을, 발자취를 따르며 함께 기도했습니다.
솔로몬의 교훈은 우리 모두에게 큰 경각심이 되었습니다.
우리는 함께 울고 웃으며 새 역사를 만들었습니다.
지금도 하나님은 우리에게 말씀하십니다.
〈너희는 솔로몬에게 배우라〉고…

솔로몬을 보내신, 솔로몬보다 더 큰 이의
제자 된, 이동원 목사 드림

7

왕의 등극

열왕기상 1장 33-35절

[33]왕이 그들에게 이르되 너희는 너희 주의 신하들을 데리고 내 아들 솔로몬을 내 노새에 태우고 기혼으로 인도하여 내려가고 [34]거기서 제사장 사독과 선지자 나단은 그에게 기름을 부어 이스라엘 왕으로 삼고 너희는 뿔나팔을 불며 솔로몬 왕은 만세수를 하옵소서 하고 [35]그를 따라 올라오라 그가 와서 내 왕위에 앉아 나를 대신하여 왕이 되리라 내가 그를 세워 이스라엘과 유다의 통치자로 지명하였느니라

이스라엘은 본래 왕이 없었던 나라였습니다. 아니 정확하게 말하면 하나님이 왕이 되어 다스리던 신정국가였습니다. 대표적인 시대로 사사들이 통치하던 사사 시대를 생각해 보겠습니다. 사사기 마지막 장 마지막 구절은 이렇게 기록됩니다. 사사기 21장 25절 말씀을 보겠습니다.

그 때에 이스라엘에 왕이 없으므로 사람이 각기 자기의 소견에 옳은 대로 행하였더라

그런데 사실 이 시대에 왕이 없었던 것은 아닙니다. 사사 시대를 살았던 한 인물로 룻기 1장은 엘리멜렉이란 사람을 소개합니다. 엘리멜렉의 뜻은 '하나님이 나의 왕이시다'라는 의미입니다. 그렇습니다. 사사 시대의 왕은 하나님이셨습니다. 그러나 하나님은 사람의 눈에 보이지 않는 왕이었습니다. 그래서 사람들은 하나님의 존재를 인정하지 않게 되었고, 자기 스스로가 자신의 왕이 되어 다스리기 시작했습니다. 한동안 사사 시대의 혼란을 경험한 후, 이스라엘 백성들은 다른 나라처럼 우리도 왕을 세우자고 요구하기 시작했고, 선지자들에게 왕을 세워 달라고 보이지 않는 하나님의 허락을 요구했던 것입니다. 그래서 세워진 이스라엘 초대

왕이 바로 사울 왕이었습니다. 그러나 사울 왕은 이스라엘 백성들을 실망시킨 후, 역사의 무대에서 사라집니다. 그리고 그다음 왕이 우리가 잘 아는 다윗 왕입니다.

열왕기상이 열리면서 1장에 세 왕이 등장합니다. 그 세 왕은 각각 오늘을 사는 우리에게 중요한 교훈을 전달합니다. 열왕기상 1장에서 등장하는 첫째 왕은 바로 다윗 왕입니다. 다윗 왕은 한동안 백성들의 큰 사랑을 받았습니다. 그는 아버지의 양 떼와 소 떼를 지키고자 사자와 곰을 죽였습니다. 또한, 블레셋의 적장 거인 골리앗을 물맷돌 다섯 개로 쓰러뜨린 전설적인 지도자였습니다. 그는 수많은 이웃 나라들을 정복했고, 예루살렘 시온의 언덕에 이스라엘 왕국의 요새를 건설했습니다. 후일 사도행전의 저자인 의원 누가는 다윗을 가리켜 '그는 하나님의 마음에 합한 자였다'고 기술합니다. 그런데 그의 인생의 마지막 석양에 그는 매우 슬픈 모습으로 우리 앞에 다시 등장합니다.

1. 인생의 무대에서 퇴장을 준비하는 다윗 왕을 보십시오

열왕기상 1장 1절은 이렇게 시작합니다.

다윗 왕이 나이가 많아 늙으니 이불을 덮어도 따뜻하지 아니한지라

그는 이제 늙고, 추위를 타는 연약한 노인이 되었습니다. 학자들은 이 때에 다윗 왕의 나이가 70세 정도가 되었다고 추정합니다. 다윗 왕을 모시는 신하들이 기발한 아이디어로 왕을 섬기고자 했습니다. 열왕기상 1

장 2절을 보십시오.

"그의 시종들이 왕께 아뢰되 우리 주 왕을 위하여 젊은 처녀 하나를 구하여 그로 왕을 받들어 모시게 하고 왕의 품에 누워 우리 주 왕으로 따뜻하시게 하리이다 하고"

어떤 학자들은 이 방책이 노인들에게 젊은 여인의 기를 받게 하는 원시적이고 의학적인 처방이었다고 말하기도 합니다. 그래서 현재의 미스 코리아 대회와 같은 미스 이스라엘 대회를 열어 한 여인을 뽑았습니다.

"이스라엘 사방 영토 내에 아리따운 처녀를 구하던 중 수넴 여자 아비삭을 얻어 왕께 데려왔으니"(왕상 1:3)

여기서 뽑힌 미스 이스라엘의 이름이 아비삭이었습니다. 성경은 그녀가 수넴(잇사갈 지파의 땅, 현재 므깃도와 다볼 산 사이에 있는 아랍 마을) 여인이었다고 기록합니다. 다윗 왕은 그녀의 섬김을 받았지만, 잠자리를 같이하지는 않았다(왕상 1:4)고 기록합니다. 아마도 이미 다윗 왕은 성적인 흥미나 능력조차 상실한 무력한 사람이었을지도 모릅니다. 그리고 또 어쩌면 자신의 젊은 날의 과거의 범죄를 참회했던 사람으로 이 젊은 여인의 순결을 지켜주고자 했을지도 모릅니다. 누구나 죄를 범하지만, 죄를 회개하고 같은 죄를 범하지 않는 것은 아름다운 회개의 열매입니다. 시편 32장 1절에 다윗 왕의 고백을 기억합시다.

허물의 사함을 받고 자신의 죄가 가려진 자는 복이 있도다

이 땅에 사는 누구도 이런 무력한 인생의 황혼기를 피해 갈 수 없습니다. 시력이 침침해지고, 청력도 쇠하고, 팔과 다리도 쇠약해지고, 성욕도 감퇴하고, 내 몸의 온도도 조절하기 어려운 때가 온다는 것입니다. 이

런 인생의 황혼기를 믿음으로 준비하는 것은, 매우 중요한 인생 퇴장의 준비입니다. 나중에 솔로몬은 이 시기를 가리켜 곤고한 때, 아무 낙이 없어지는 때라고 말합니다. 전도서 12장 1절 말씀을 기억하십니까?

"… 곤고한 날이 이르기 전에, 나는 아무 낙이 없다고 할 해들이 가깝기 전에"

그런 때가 오기 전 일찍 청년의 때부터 기억할 것이 있다고 말합니다. "너의 창조자를 기억하라"는 것입니다. 육체의 낙을 인생의 전부로 기억하는 사람들에게 늙어감은 절망일 것입니다. 그러나 이때에도 우리가 창조자 하나님을 기억할 수 있다는 것은 얼마나 큰 은혜입니까? 영국 왕실의 주치의이자 설교자였던 마틴 로이드 존스 박사는 말년에 암과 투병하면서 병석에서 이런 말을 남깁니다.

"가장 위험한 인생은 자기 육체의 능력에만 의존하여 인생을 사는 것이다."

또한, "내게 이 순간에도 변치 않는 희망은 예수께서 하신 말씀 '그러나 귀신들이 너희에게 항복하는 것으로 기뻐하지 말고 너희 이름이 하늘에 기록된 것으로 기뻐하라 하시니라'(눅 10:20)는 말씀을 난 기억합니다. 지금의 질병도 내게서 빼앗아 갈 수 없는 것은 내 이름을 그 나라에 기록해 주시고 그가 나를 그의 아들로 기억해 주신다는 그 변함없는 은혜라"고 고백했다는 것입니다. 로이드 존스 같은 믿음으로 인생의 황혼기를 준비하는 우리가 되시기를 바랍니다.

이제 우리는 열왕기상 1장에서의 두 번째 등장하는 왕을 만나고자 합니다. 그는 자기 스스로 왕이 되고자 한 아도니야입니다.

2. 스스로 왕이 되고자 한,
실패자 아도니야를 보십시오

다윗 왕이 노쇠하고 리더십이 무력화되면서 다윗 왕국의 최대 이슈는 '누가 다음 왕이 될 것인가?'였을 것입니다. 이때 부각된 인물이 아도니야였습니다. 그는 다윗 왕의 네 번째 아들이었습니다. 다윗 왕의 또 다른 여인이었던 학깃을 통해 헤브론에서 얻은 아들이었습니다. 그의 형들인 암논, 압살롬, 그리고 길르암이 죽자 그는 당연히 자신이 왕이 될 것으로 기대했을 것입니다. 그리고 그의 출중한 용모와 부친의 사랑은 그런 기대를 당연하게 만들었을 것입니다. 열왕기상 1장 6절을 보십시오.

"그는 압살롬 다음에 태어난 자요 용모가 심히 준수한 자라 그의 아버지가 네가 어찌하여 그리 하였느냐고 하는 말로 한 번도 그를 섭섭하게 한 일이 없었더라"

그래서 드디어 그는 스스로 왕이 되는 길을 준비합니다.

그때에 학깃의 아들 아도니야가 스스로 높여서 이르기를 내가 왕이 되리라 하고 자기를 위하여 병거와 기병과 호위병 오십 명을 준비하니(왕상 1:5)

그러나 아도니야가 외면하고 있었던 것이 있었습니다. 그것은 하나님의 뜻이었습니다. 하나님은 이미 다윗 왕에게 그의 승계자로 솔로몬을 세우실 것을 계시하셨던 것입니다.

"보라 한 아들이 네게서 나리니 그는 온순한 사람이라 내가 그로 주변 모든 대적에게서 평온을 얻게 하리라 그의 이름을 솔로몬이라 하리니 이는

13

내가 그의 생전에 평안과 안일함을 이스라엘에게 줄 것임이니라"(대상 22:9)

여기에 명확하게 다윗 왕의 승계자는 솔로몬이라고 이름까지 알리시지 않았습니까? 이런 하나님의 계시는 어느 정도 왕실에도 알려져 있었을 것입니다. 그러나 아도니야의 망상은 인간적인 책략으로 하나님의 뜻을 바꿀 수 있을 것이라고 착각한 것입니다. 그래서 자신을 스스로 높여 자신이 임명한 왕(Self-appointed King)이 되고자 한 것입니다. 그리고 자신을 지지할 참모들의 팀을 구성합니다.

"아도니야가 스루야의 아들 요압과 제사장 아비아달과 모의하니 그들이 따르고 도우나"(왕상 1:7)

그러나 이런 팀워크는 성공할 수 없는 악인들의 동맹이었습니다. 후일 솔로몬은 잠언 6장 16-19절에서 이렇게 말합니다.

"여호와께서 미워하시는 것 곧 그의 마음에 싫어하시는 것이 예닐곱 가지이니 곧 교만한 눈과 거짓된 혀와 무죄한 자의 피를 흘리는 손과 악한 계교를 꾀하는 마음과 빨리 악으로 달려가는 발과 거짓을 말하는 망령된 증인과 및 형제 사이를 이간하는 자이니라"

아도니야가 시도한 것이 바로 여호와 하나님이 미워하시는 일이었습니다. 실패할 수밖에 없는 시도였습니다.

3. 하나님의 뜻을 따라 세워진 왕, 솔로몬을 보십시오

역사의 반전은 하나님이 쓰시던 선지자 나단의 등장으로 시작됩니다. "나단이 솔로몬의 어머니 밧세바에게 말하여 이르되 학깃의 아들 아도니야가 왕이 되었음을 듣지 못하였나이까 우리 주 다윗은 알지 못하시나이다"(왕상 1:11)

그래서 솔로몬의 어머니 밧세바가 먼저 다윗 왕에게 말하고 이어서 자신도 그에게 진언을 드릴 것이라고 말합니다. 다윗 왕이 밧세바의 말을 듣고 이어서 나단 선지자의 진언을 들은 다음 드디어 현재의 통치자 왕으로서 다윗이 선언을 합니다.

> 왕이 이르되 내 생명을 모든 환난에서 구하신 여호와께서 살아 계심을 두고 맹세하노라 내가 이전에 이스라엘의 하나님 여호와를 가리켜 네게 맹세하여 이르기를 네 아들 솔로몬이 반드시 나를 이어 왕이 되고 나를 대신하여 내 왕위에 앉으리라 하였으니 내가 오늘 그대로 행하리라(왕상 1:29-30)

그렇습니다. 하나님의 뜻을 떠나 스스로 자신을 높인 아도니야는 이제 심판의 대상으로 전락합니다. 하나님은 언제나 하나님의 뜻을 헤아리지 않고 자신을 높이는 자들을 심판하십니다. 요한삼서 9-10절에 보면 신약에도 그런 인물에 대한 경계의 말씀이 기록됩니다.

"내가 두어 자를 교회에 썼으나 그들 중에 으뜸되기를 좋아하는 디오드레베가 우리를 맞아들이지 아니하니 그러므로 내가 가면 그 행한 일을 잊지 아니하리라 그가 악한 말로 우리를 비방하고도 오히려 부족하여 형제들을 맞아들이지도 아니하고 맞아들이고자 하는 자를 금하여 교회에서 내쫓는도다"

여기 으뜸되기를 좋아하는 자기 선전성 인생들을 경계해야 합니다. 이제 다윗 왕은 그동안 자신을 정직하게 보좌해온 충성스런 리더들을 부릅니다. 열왕기상 1장 32절에 보면 그들은 제사장 사독, 선지자 나단, 그리고 여호야다의 아들 브나야(군대 사령관, 시위 대장관)였습니다. 그리고 드디어 솔로몬의 왕위 등극을 명합니다. 그것이 바로 열왕기상 1장 33-34절의 말씀입니다.

"왕이 그들에게 이르되 너희는 너희 주의 신하들을 데리고 내 아들 솔로몬을 내 노새에 태우고 기혼으로 인도하여 내려가고 거기서 제사장 사독과 선지자 나단은 그에게 기름을 부어 이스라엘 왕으로 삼고 너희는 뿔나팔을 불며 솔로몬 왕은 만세수를 하옵소서 하고"

영국 여왕이 국왕 전용 마차를 타듯, 그리고 미국 대통령이 에어포스 원을 타듯이 이제 솔로몬은 다윗의 전용 노새를 탑니다. 시온 산 언덕이 시작되는 기혼 샘에서 기름부음을 받습니다. 미국 대통령이 성경에 손을 얹어 선서하듯 하나님의 축복을 상징하는 기름 부음을 받습니다. 솔로몬은 이제 합법적으로 하나님의 주권과 섭리를 따른 왕이 된 것입니다. 왕의 등극입니다.

내가 그를 세워 이스라엘과 유다의 통치자로 지명하였느니라(왕상 1:35)

할렐루야! 아멘! 여기에 이어지는 36절의 브나야의 반응을 보십시오.
"여호야다의 아들 브나야가 왕께 대답하여 이르되 아멘 내 주 왕의 하나님 여호와께서도 이렇게 말씀하시기를 원하오며"
그렇다면 이제 우리도 브나야와 함께 아멘 하시겠습니까?

아도니야는 어떻게 되었습니까? 그는 성막으로 달려가 제단 뿔을 잡습니다. 하나님 앞에 목숨을 구걸하고 있는 것입니다.

"아도니야도 솔로몬을 두려워하여 일어나 가서 제단 뿔을 잡으니"(왕상 1:50)

자신이 범죄자임을 인정하고 하나님과 솔로몬에게 긍휼을 구한 것입니다. 솔로몬은 어떻게 그에 대하여 말합니까?

"솔로몬이 이르되 그가 만일 선한 사람일진대 그의 머리털 하나도 땅에 떨어지지 아니하려니와 그에게 악한 것이 보이면 죽으리라 하고"(왕상 1:52)

이제 온 성읍이 거대한 축제를 시작합니다. 이제 하나님이 세워주신 왕의 통치가 시작된 것입니다. 40절은 이렇게 그날의 광경을 전달합니다.

"모든 백성이 그를 따라 올라와서 피리를 불며 크게 즐거워하므로 땅이 그들의 소리로 말미암아 갈라질 듯하니"

축제가 시작된 것입니다. 그러나 우리는 압니다. 솔로몬도 실수할 수 있는 불완전한 왕인 것을! 마태복음 12장 42절 후반부를 보면, 예수께서 표적을 구하는 바리새인들에게 "솔로몬보다 더 큰 이가 여기 있느니라"라고 선언하십니다. 그렇습니다. 하나님께서 직접 기름 부으신 예수, 그가 바로 그리스도 우리의 참된 왕이십니다. 그 왕을 기다리며 그 왕을 찬미하는 우리가 됩시다.

솔로몬보다 더 크신 왕, 예수!

왕의 축복

열왕기상 2장 44-46절

[44]왕이 또 시므이에게 이르되 네가 네 마음으로 아는 모든 악 곧 내 아버지에게 행한 바를 네가 스스로 아나니 여호와께서 네 악을 네 머리로 돌려보내시리라 [45]그러나 솔로몬 왕은 복을 받고 다윗의 왕위는 영원히 여호와 앞에서 견고히 서리라 하고 [46]여호야다의 아들 브나야에게 명령하매 그가 나가서 시므이를 치니 그가 죽은지라 이에 나라가 솔로몬의 손에 견고하여지니라

열왕기상 2장 45절 말씀은 솔로몬 왕이 누리게 된 축복을 증언합니다.

그러나 솔로몬 왕은 복을 받고 다윗의 왕위는 영원히 여호와 앞에서 견고히 서리라 하고

그렇습니다. 왕이 된 솔로몬은 하나님의 축복을 받습니다. 그 결과로 다윗 왕에게 물려받은 그의 왕국, 곧 하나님의 나라는 견고히 서게 됩니다. 2장 12절의 말씀을 보십시오.

"솔로몬이 그의 아버지 다윗 왕의 왕위에 앉으니 그의 나라가 심히 견고하니라"

그리고 이때를 당하여 다윗 왕은 운명하고 저세상 사람이 됩니다. 하지만 다윗 왕에게 왕국을 물려받은 솔로몬의 왕위는 견고해지고, 그는 하나님이 예비하신 복을 누리게 됩니다. 2장의 마지막 46절의 증언을 또한 주목하여 보십시오.

"여호야다의 아들 브나야에게 명령하매 그가 나가서 시므이를 치니 그가 죽은지라 이에 나라가 솔로몬의 손에 견고하여지니라"

2장 전체가 강조하는 바는 솔로몬의 왕위가 견고하게 되었다는 것입

니다. 다윗이 물려준 하나님의 나라가 축복 속에 이어지고 있음을 증언하는 것입니다. 이제 우리는 열왕기상 2장을 통해 솔로몬이 누리게 된 이 축복의 원인을 크게 두 가지로 성찰하게 됩니다. 솔로몬 왕과 그의 왕국이 축복을 누리게 된 원인 두 가지는 무엇입니까?

1. 하나님의 말씀을 지켜 행하기 때문입니다

열왕기상 2장 1-2절은 다윗의 아들 솔로몬을 향한 마지막 유언의 말씀으로 시작됩니다.

"다윗이 죽을 날이 임박하매 그의 아들 솔로몬에게 명령하여 이르되 내가 이제 세상 모든 사람이 가는 길로 가게 되었노니 너는 힘써 대장부가 되고"

멋진 유언이 아닙니까? 여기 다윗은 이제 다가오는 죽음을 수용할 준비가 된 것을 보게 됩니다. "나는 이제 세상 모든 사람이 가는 그 길로 떠난다"고 말합니다. 삶에 대한 미련을 거두고 다만 아들 솔로몬이 그의 리더십을 잘 이어주기를 부탁하는 것입니다.

"너는 힘써 대장부가 되라!"

용기 있는 지도자가 되라는 말씀입니다. 왕에게 용기보다 더 중요한 덕목이 어디 있겠습니까? 그러나 그 용기는 인간적인 만용이 아니었습니다. 하나님의 말씀을 붙잡고 사는 용기였습니다.

열왕기상 2장 3절 말씀을 봅시다.

네 하나님 여호와의 명령을 지켜 그 길로 행하여 그 법률과 계명과 율례 네가 무엇을 하든지 어디로 가든지 형통하다고 하십니다. 이것이 바로 세상사는 모든 이가 추구하는 축복이요 성공이 아니겠습니까? 그러나 이런 축복은 한 가지 중요한 전제 위에 약속된 것입니다. 바로 하나님의 말씀에 대한 순종이었습니다. 이것은 비단 솔로몬을 향한 유언만이 아닌 솔로몬을 이어 갈 모든 영적 세대를 향한 다윗의 부탁이었던 것입니다. 이 말씀은 우리로 하여금 우리가 좋아하는 시편 1편을 연상시켜 주고 있지 않습니까? '복 있는 사람은'으로 시작된 시편 1편은 2절에서 "오직 여호와의 율법을 즐거워하여 그의 율법을 주야로 묵상하는도다"라고 말씀하고 있습니다. 그리고 다음 3절 후반은 "그가 하는 모든 일이 다 형통하리로다"라고 약속합니다. 이제 본문 열왕기상 2장 4절의 약속을 보십시오.

"여호와께서 내 일에 대하여 말씀하시기를 만일 네 자손들이 그들의 길을 삼가 마음을 다하고 성품을 다하여 진실히 내 앞에서 행하면 이스라엘 왕위에 오를 사람이 네게서 끊어지지 아니하리라 하신 말씀을 확실히 이루게 하시리라"

솔로몬 왕이 누린 축복은 단순한 인간적 번영의 복이 아닌, 말씀을 이루는 복, 말씀 성취의 복이었다는 증언입니다.

2. 하나님의 나라를 대적하는 악을 제거할 수 있었기 때문입니다

여기 열왕기상 2장에 하나님 나라의 가치를 대적하는 세 가지 악이 등장합니다. 그것은 우리가 늘 강조하는 sex(성), money(돈), power(권력)의 악이라고 할 수 있습니다. 그러나 분명하게 말하자면 세 가지는 본래부터 악한 것으로 인간에게 주어진 것은 아니었습니다. 본래의 창조 시에 이 세 가지는 모두 하나님의 선한 선물로 주어진 것들입니다. 기억하십니까? 엿새 동안에 하나님의 만물 창조가 완료된 후, 창세기 1장 31절 상반부를 보면 "하나님이 지으신 그 모든 것을 보시니 보시기에 심히 좋았더라…"라고 선언하십니다. 본래의 성은 좋은 선물이었고, 본래의 돈(물질)도 선한 것이었고, 본래의 권력(힘)도 하나님의 선한 선물이었습니다. 그러나 인간의 타락으로 이 좋은 것들을 잘못 사용(오남용, 악용)함으로 이 좋은 선물들이 악한 것으로 전락하게 된 것입니다. 이 악한 남용의 역사적 실례들을 우리는 솔로몬의 왕위 등극을 둘러싸고 목격하게 됩니다.

첫째로, 요압은 권력의 악을 대표하고 있습니다.

권력은 본래 하나님이 인간에게 내리시는 선물로, 그런 권력을 받게 되는 권세도 하나님이 정하시는 것입니다. 로마서 13장 1절을 기억하십니까?

"각 사람은 위에 있는 권세들에게 복종하라 권세는 하나님으로부터 나지 않음이 없나니 모든 권세는 다 하나님께서 정하신 바라"

그러면 하나님께서 권세를 어떤 사람들에게 허락하시는 이유가 무엇일까요? 로마서 13장 4절을 보십시오.

그는 하나님의 사역자가 되어 네게 선을 베푸는 자니라 그러나 네가 악을 행하거든 두려워하라 그가 공연히 칼을 가지지 아니하였으니 곧 하나님의 사역자가 되어 악을 행하는 자에게 진노하심을 따라 보응하는 자니라

즉 악을 행하는 자들을 징벌하고 선을 행하는 자들을 격려하기 위해 권력을 주셨다는 것입니다. 다시 말하면 본래 권력은 권세자들이 하나님의 백성들을 섬길 목적으로 그 손에 허락된 선물입니다. 그렇다면 그 권력은 선한 선물입니다. 그러나 권세자들이 그 권력으로 백성들을 섬기기보다 지배하고 착취할 때 권력은 악한 것이 되는 것입니다. 오늘 본문에 등장하는 요압은 이런 권력의 악을 대표하는 사람이었고 따라서 그는 제거되어야 했던 것입니다.

열왕기상 2장 5-6절을 보십시오.

"스루야의 아들 요압이 내게 행한 일 곧 이스라엘 군대의 두 사령관 넬의 아들 아브넬과 예델의 아들 아마사에게 행한 일을 네가 알거니와 그가 그들을 죽여 태평 시대에 전쟁의 피를 흘리고 전쟁의 피를 자기의 허리에 띤 띠와 발에 신은 신에 묻혔으니 네 지혜대로 행하여 그의 백발이 평안히 스올에 내려가지 못하게 하라"

이런 요압의 권력의 악이 지속되는 한 솔로몬의 왕국 곧 하나님의 나라는 평안할 수 없었기에 그 악을 제거하라고 명하신 것입니다.

둘째로, 아도니야는 성의 악을 대표하고 있습니다.

이미 말씀을 드렸지만, 본래의 성은 악이 아닙니다. 성은 선하고 아름다운 것입니다. 성은 하나님의 창조 계획에서 생육과 번성을 위한 것이었고, 부부의 쾌락을 위한 것이었습니다. 하나님이 아담을 위하여 그의 배필로 하와를 지으시고 그녀를 아담에게로 인도하셨을 때, 아담은 창세기 2장 23절에서 "아담이 이르되 이는 내 뼈 중의 뼈요 살 중의 살이라"라고 경탄하며 노래했습니다. 솔로몬은 잠언 5장 18절에서 부부의 성이 복된 선물임을 이렇게 예찬합니다. "네 샘으로 복되게 하라 네가 젊어서 취한 아내를 즐거워하라"라고 말합니다. 하지만 인간이 타락했을 때 이런 하나님의 창조적 목적 외에 다른 목적으로 성이 남용되고 악용되면서 선하고 아름다운 성이 악한 것으로 대치되기 시작하였습니다. 오늘의 본문 열왕기상 2장에 등장하는 아도니야가 그런 성을 악하게 사용하려는 사람으로 등장합니다.

아도니야는 밧세바에게 나아와 수넴 여인 아비삭을 소유하기 위한 요청을 하게 됩니다.

"그가 이르되 청하건대 솔로몬 왕에게 말씀하여 그가 수넴 여자 아비삭을 내게 주어 아내를 삼게 하소서 왕이 당신의 청을 거절하지 아니하리이다"(왕상 2:17)

잘 들어보십시오. 아도니야는 그녀를 아버지 다윗 왕의 여인으로 인식하지 않습니다. 그냥 수넴 여자라고 말합니다. 실제로 그녀는 다윗 왕의 마지막 여자(첩)였음을 전혀 배려하지 않습니다. 그냥 그녀의 미색이 탐났던 것입니다. 그녀가 미스 이스라엘 출신임을 잊지 않고 있었던 것입니다. 그리고 이런 요청의 배후에는 다른 욕망이 작동하고 있었던 것입니다. 고대의 왕위 경쟁에서 승리자가 된 사람은 왕의 여인들을 취하는 것이 관례였습니다. 아도니야는 아직 자기가 왕의 후보임을 잊지 않고 있었고 아비삭을 취함으로 또 다른 기회를 노리고 있었던 것입니다. 밧세바는 이런 아도니야의 탐욕을 읽지 못했지만, 솔로몬은 아도니야의 계략을 알고 있었습니다. 아도니야가 성을 권력의 도구로 이용하려는 계획을 알아차린 것입니다.

솔로몬은 단호하게 결단을 내립니다.

"여호와를 두고 맹세하여 이르되 아도니야가 이런 말을 하였은즉 그의 생명을 잃지 아니하면 하나님은 내게 벌 위에 벌을 내리심이 마땅하니이다"(왕상 2:23)

그래서 아도니야는 역사의 무대에서 사라집니다. 하나님의 나라를 더욱 견고하게 하려는 조처였던 것입니다.

셋째로, 시므이는 돈의 악을 대표하고 있습니다.

본래 시므이는 과거에 다윗 왕을 저주한 전과가 있었던 자였습니다. 열왕기상 2장 8절을 보십시오.

"바후림 베냐민 사람 게라의 아들 시므이가 너와 함께 있나니 그는 내가 마하나임으로 갈 때에 악독한 말로 나를 저주하였느니라 그러나 그가 요단에 내려와서 나를 영접하므로 내가 여호와를 두고 맹세하여 이르기를 내가 칼로 너를 죽이지 아니하리라 하였노라"

그다음 9절이 중요합니다.

"그러나 그를 무죄한 자로 여기지 말지어다 너는 지혜 있는 사람이므로 그에게 행할 일을 알지니 그의 백발이 피 가운데 스올에 내려가게 하라"

36절에 보면 솔로몬 왕은 그에게 거주 제한령을 내려 그가 예루살렘에만 머물도록 합니다.

"왕이 사람을 보내어 시므이를 불러서 이르되 너는 예루살렘에서 너를 위하여 집을 짓고 거기서 살고 어디든지 나가지 말라"

그런데 이 명령을 시므이가 거스르는 행동을 하게 됩니다. 그의 두 종이 아기스 지역으로 도망하자 이 두 종을 이렇게 잃어버릴 수 없다고 판단한 것입니다. 고대에 종은 자산이었고 두 종을 잃는 것은 커다란 재산상의 손실로 여겨졌기 때문에 그는 종을 찾아 나섭니다. 솔로몬 왕과의 약속보다 물질과 돈이 더 중요했기 때문입니다. 40절을 보십시오.

"시므이가 그 종을 찾으려고 일어나 그의 나귀에 안장을 지우고 가드로 가서 아기스에게 나아가 그의 종을 가드에서 데려왔더니"

그러나 이것은 명백한 솔로몬 왕과의 계약을 깨뜨린 것이었고, 돈을 위해 못할 것이 없는 사람은 하나님 나라의 통치에 거스르는 반역자였던 것이었습니다. 따라서 그는 제거되어야 마땅한 사람이었습니다.

인생을 살아감에 있어 돈이나 자산은 반드시 필요한 것입니다. 성경은 이런 돈이나 자산의 필요를 부정하지 않습니다. 예수님은 마태복음 6장 산상수훈에서 먹을 것, 입을 것, 살 곳(의식주)에 대하여, "이는 다 이방인들이 구하는 것이라 너희 하늘 아버지께서 이 모든 것이 너희에게 있어야 할 줄을 아시느니라"(마 6:32)라고 말씀하십니다. 그러나 그다음 33절에서 무엇이라 말씀하십니까? "그런즉 너희는 먼저 그의 나라와 그의 의를 구하라 그리하면 이 모든 것을 너희에게 더하시리라"라고 말씀하십니다. 돈이나 재물이 우선순위가 되어서는 안 된다는 것입니다. 바울 사도도 우리가 이미 살펴본 디모데전서 목회서신에서 하나님의 사람됨의 자격으로 무엇보다 자족함을 강조하지 않았습니까? 디모데전서 6장 10절의 말씀을 다시 상기합시다.

돈을 사랑함이 일만 악의 뿌리가 되나니 이것을 탐내는 자들은 미혹을 받아 믿음에서 떠나 많은 근심으로써 자기를 찔렀도다

그렇습니다. 바울은 결코 돈이 악한 것이라고 말하지 않았습니다. 돈을 사랑함이 일만 악의 뿌리가 된다고 한 것입니다. 돈은 선한 중립적 가

치를 갖는 것이지만 돈을 사랑하게 되는 순간부터 악한 것으로 변질될 수 있다는 것입니다.

솔로몬 왕의 통치 초기에 조금은 강경한 이런 조치를 행한 것은 자신의 뜻을 따른 것이 아니고, 하나님의 뜻을 따라 하나님의 나라를 세우기 위한 순종의 행위였던 것입니다. 그 결과를 보십시오. 열왕기상 2장 46절 마지막 부분입니다.

··· 이에 나라가 솔로몬의 손에 견고하여지니라

솔로몬은 결과적으로 하나님의 나라를 견고하게 하는 축복을 누리게 된 것입니다. 그 원인은 분명합니다. 그는 하나님의 말씀을 따라 하나님 나라의 의, 곧 그 가치를 세우고자 한 것입니다. 이런 하나님 나라 축복의 원리는 지금도 변함이 없습니다.

"너희는 먼저 그의 나라와 그의 의를 구하라 그리하면 이 모든 것(축복)을 너희에게 더하시리라"(마 5:33)

왕의 축복이 우리의 축복이 되기를 구합시다.

왕의 기도

열왕기상 3장 5-10절
[5]기브온에서 밤에 여호와께서 솔로몬의 꿈에 나타나시니라 하나님이 이르시되 내가 네게 무엇을 줄꼬 너는 구하라 [6]솔로몬이 이르되 주의 종 내 아버지 다윗이 성실과 공의와 정직한 마음으로 주와 함께 주 앞에서 행하므로 주께서 그에게 큰 은혜를 베푸셨고 주께서 또 그를 위하여 이 큰 은혜를 항상 주사 오늘과 같이 그의 자리에 앉을 아들을 그에게 주셨나이다 [7]나의 하나님 여호와여 주께서 종으로 종의 아버지 다윗을 대신하여 왕이 되게 하셨사오나 종은 작은 아이라 출입할 줄을 알지 못하고 [8]주께서 택하신 백성 가운데 있나이다 그들은 큰 백성이라 수효가 많아서 셀 수도 없고 기록할 수도 없사오니 [9]누가 주의 이 많은 백성을 재판할 수 있사오리이까 듣는 마음을 종에게 주사 주의 백성을 재판하여 선악을 분별하게 하옵소서 [10]솔로몬이 이것을 구하매 그 말씀이 주의 마음에 든지라

모든 인간은 강점과 약점을 갖고 있습니다. 솔로몬 왕도 예외가 아니었습니다. 그가 왕위에 오른 직후부터 우리는 벌써 그런 약점이 나타나는 것을 볼 수가 있습니다. 그의 왕국의 정치적 안정을 위해 그가 인간적 방법을 사용하고 있었다는 사실입니다. 열왕기상 3장 1절을 보십시오.

"솔로몬이 애굽의 왕 바로와 더불어 혼인 관계를 맺어 그의 딸을 맞이하고 다윗 성에 데려다가 두고 자기의 왕궁과 여호와의 성전과 예루살렘 주위의 성의 공사가 끝나기를 기다리니라"

애굽(이집트)은 고대 세계의 강대국이었습니다. 애굽과의 연결은 바로 자국의 안보를 위한 필수 조건이었습니다. 그래서 솔로몬은 그가 왕위에 등극한 직후 바로의 딸과 혼인 관계를 맺어 정략결혼을 통한 국가적 외교적 안정을 시도한 것입니다. 그리고 이런 사례는 고대 세계에서 당연한 치세 전략으로 통했고 솔로몬도 그런 전략을 수용한 것입니다.

그러나 이것은 결국 애굽 땅으로부터의 종교적 영향을 수용하는 타협의 시작을 뜻하는 것입니다. 이스라엘이 가나안 땅에 들어갈 때 하나님은 이미 주변 국가나 부족으로부터의 우상숭배의 영향을 경고하셨습니다. 신명기 7장 3-4절의 경고를 기억합시다.

"또 그들과 혼인하지도 말지니 네 딸을 그들의 아들에게 주지 말 것이요 그들의 딸도 네 며느리로 삼지 말 것은 그가 네 아들을 유혹하여 그가 여호와를 떠나고 다른 신들을 섬기게 하므로 여호와께서 너희에게 진노하사 갑자기 너희를 멸하실 것임이니라"

솔로몬왕의 성정과 많은 강점에도 불구하고, 이런 사소한 불순종의 틈새는 후일 솔로몬 왕국을 쇠락시키는 요인이 되는 것입니다. 그러나 아직 솔로몬은 여호와 하나님을 사랑했고 그 믿음을 떠나지는 않았습니다. 그는 성전이 건축되기 전에 하나님을 사랑하는 마음을 제사로 표현하고자 했습니다. 다시 열왕기상 3장 3절의 말씀을 보십시오.

"솔로몬이 여호와를 사랑하고 그의 아버지 다윗의 법도를 행하였으나 산당에서 제사하며 분향하더라"

그래서 드려진 솔로몬의 제사가 유명한 일천 번제였습니다. 4절을 보십시오.

"이에 왕이 제사하러 기브온으로 가니 거기는 산당이 큼이라 솔로몬이 그 제단에 일천 번제를 드렸더니"

기브온은 예루살렘에서 서북쪽으로 9km 떨어진 히위 족속의 거주지였습니다. 거기서 일천 마리의 짐승을 잡아 제사를 드리고자 한 것입니다. 일천 번제는 일천 날 동안 드리는 제사가 아니라 일천 마리의 짐승을 바치는 큰 제사였던 것입니다. 이런 큰 제사를 드리기 위해서는 예루살렘보다 기브온 높은 산지가 더 적합하다고 판단했을 것입니다. 그래서 여기 기브온 산당에 준비된 성막과 번제단에 희생의 제물을 드려 하나님을 예배하고자 한 것입니다. 여호와를 향한 큰 사랑으로 큰 예배를 기획한 것입니다. 여호와 하나님은 이런 솔로몬의 마음을 기쁘게 보시고 응답하십니다. 일천 번제를 드리던 그날 밤에 하나님이 그에게 나타나 말씀하십니다.

> 기브온에서 밤에 여호와께서 솔로몬의 꿈에 나타나시니라 하나님이 이르시되 내가 네게 무엇을 줄꼬 너는 구하라(왕상 3:5)

여기서부터 유명한 솔로몬의 기도가 시작됩니다.

본문 10절에 보면 하나님이 이런 솔로몬의 기도를 합당하게 여기고 응답하셨음을 알 수 있습니다.

"솔로몬이 이것을 구하매 그 말씀이 주의 마음에 든지라"

도대체 솔로몬왕은 무엇을 구했습니까? 여기 6-9절 사이에 기록된 솔로몬이 왕위에 등극하며 드린 기도의 특성을 성찰해 보기로 합니다.

1. 진정성 있는 기도입니다

6절의 기도 내용을 보십시오.

솔로몬이 이르되 주의 종 내 아버지 다윗이 성실과 공의와 정직한 마음으로 주와 함께 주 앞에서 행하므로 주께서 그에게 큰 은혜를 베푸셨고 주께서 또 그를 위하여 이 큰 은혜를 항상 주사 오늘과 같이 그의 자리에 앉을 아들을 그에게 주셨나이다

여기 두 번씩 큰 은혜라고 번역된 단어가 유명한 헤세드(hesed/great kindness)입니다. 솔로몬이 하나님의 큰 은혜(자비)를 입고 산 이유는 그 아버지 다윗이 추구한 성실과 공의 그리고 정직을 행했기 때문이라고 말

합니다. 여기 '성실'이란 단어는 에메트(emet/faithfulness)인데 히브리어 알파벳의 첫째(알레프)와 중간(멤) 그리고 마지막 단어(타브)로 되어 있어 처음부터 중간에도 그리고 마지막까지 일관성 있게 살아가는 삶의 태도를 의미합니다. 그리고 두 번째 '공의'는 츠타카(tsedaqah/righteousness)로 구부러지지 않는 정의를 의미합니다. 세 번째 단어 '정직'은 이슈라(yesharah/uprightness)로 똑바르고 정직한 사람을 뜻합니다.

한 구약학자는 이 세 가지 덕목을 합한 영어 단어로 Integrity(인테그리티)라는 단어가 적합하다고 말합니다. 순전하다, 진지하다는 의미로 번역되는 단어입니다. 한마디로 다윗은 진지한 성품의 사람이었고 진정성 있는 태도로 하나님께 나아와 기도했다는 것입니다. 다윗은 결코 흠이 없는 사람은 아니었습니다. 그러나 그는 하나님 앞에서 한결같은 순전함, 정직함으로 나아와 하나님의 은혜를 구하며 살아간 사람이었다는 것입니다. 그렇다면 오늘 여러분과 저의 기도의 삶에는 이런 Integrity(인테그리티)가 보이는 것일까요? 그분 보시기에 순전하고 정직한 모습 말입니다. 하나님이 큰 은혜를 주실 수밖에 없는 삶의 태도가 있었다는 말입니다. 역대하 16장 9절에 보면 "여호와의 눈은 온 땅을 두루 감찰하사 전심으로 자기에게 향하는 자들을 위하여 능력을 베푸시나니 이 일은 왕이 망령되이 행하였은즉 이 후부터는 왕에게 전쟁이 있으리이다 하매"라는 말씀이 있습니다. 정말 우리는 전심으로 하나님을 바라보고 하나님의 자비를 구하는 삶을 살고 있는지요? 전심이 무엇일까요? 나누어지지 않은 마음 아니겠습니까?

야고보서 4장 8절의 말씀을 기억하십니까?

"하나님을 가까이하라 그리하면 너희를 가까이하시리라 죄인들아 손을 깨끗이 하라 두 마음을 품은 자들아 마음을 성결하게 하라"

그렇습니다. 하나님이 찾아오시는 사람은 두 마음을 품지 않은 사람입니다. 한 발은 하나님의 나라에 또 한 발은 세상에 들여 놓고 손익 계산을 하며 살아가는 사람은 하나님이 기뻐할 사람이 아닙니다. 오직 전심으로 하나님만 바라보며 하나님의 사랑을 구하는 사람을 하나님도 찾아오시고 그의 기도를 들으신다는 것입니다. 지나간 날 하나님 나라의 역사에 쓰임 받은 사람들의 공통점이 바로 이런 진정성으로 하나님을 의지하고 기도했다는 것입니다. 잠언 8장 17절의 솔로몬의 고백을 들어보십시오.

"나를 사랑하는 자들이 나의 사랑을 입으며 나를 간절히 찾는 자가 나를 만날 것이니라"

2. 겸손한 기도입니다

나의 하나님 여호와여 주께서 종으로 종의 아버지 다윗을 대신하여 왕이 되게 하셨사오나 종은 작은 아이라 출입할 줄을 알지 못하고(왕상 3:7)

아마도 이때 솔로몬의 나이는 약 20세 정도였을 것입니다. 그러나 자신을 작은 아이라 일컫습니다. 출입할 줄을 알지 못하는 사람이라고 자신은 세상 돌아가는 것을 잘 모른다고 고백한 것입니다. 그는 정확하게 자신을 알았고 하나님의 은혜를 구한 것입니다. 이것은 마치 바울 사도의 충고를 따른 것이기도 합니다. 로마서 12장 3절의 말씀을 보십시오.

"내게 주신 은혜로 말미암아 너희 각 사람에게 말하노니 마땅히 생각할 그 이상의 생각을 품지 말고 오직 하나님께서 각 사람에게 나누어 주신 믿음의 분량대로 지혜롭게 생각하라"

후일 솔로몬은 잠언서를 통해 겸손의 중요성을 여호와 경외의 정신에 비추어 설명합니다.

"겸손과 여호와를 경외함의 보상은 재물과 영광과 생명이니라"(잠 22:4)

복음서에 보면 예수께서 한 백부장의 믿음을 칭찬하십니다. 예수님께 집에 오셔서 자신의 하인을 고쳐 달라고 요청합니다. 그때 백부장은 나는 선생님이 감히 내 집에 오셔서 기도해 주심도 감당할 수 없다고 다만 말씀만 해주시면 족하겠다고 합니다. 이때 예수께서 난 이스라엘 백성 중 이런 믿음을 본 일이 없다고 칭찬하십니다. 그것은 겸손한 믿음이었습니다. 이런 믿음 때문에 수 많은 이방인들이 아브라함의 후손과 함께 천국에 앉으리라고 예언을 하십니다. 베드로전서 5장 5절의 말씀이 생각나지 않으십니까? "젊은 자들아 이와 같이 장로들에게 순종하고 다 서로 겸손으로 허리를 동이라 하나님은 교만한 자를 대적하시되 겸손한 자들에게는 은혜를 주시느니라"고 말씀하십니다. 다음 절 베드로전서 5장 6절을 보십시오.

"그러므로 하나님의 능하신 손 아래에서 겸손하라 때가 되면 너희를 높이시리라"

비록 왕의 자리에 등극하면서도 자신은 하나님 앞에서 작은 아이에 불과하다는 이런 겸손한 자아 성찰과 하나님의 인도 없이는 나아갈 줄도 물러설 줄도 모르는 인생이라는 피조물 인식이 그로 하나님의 은혜를 입게 한 것이었습니다. 교만의 본질은 자신이 하나님이라고 착각하는 것이고 겸손의 본질은 자신을 피조물의 자리에 두는 것입니다. 마치 자녀의 떡을 취하여 개들에게 던짐이 마땅하지 않다고 하셨을 때 수로보니게 여인이 예수님께 "주여 옳소이다마는 개들도 제 주인의 상에서 떨어지는 부스러기를 먹나이다"(마 15:27)라고 고백한 것처럼 말입니다. 내가 어떤 취급을 받느냐보다 은혜를 받는 것이 더 중요했던 이 여인의 겸손이 마침내 필요한 은혜를 입게 한 것이었습니다. 본래의 자신의 처지를 잊지 않고 피조물이자 죄인인 자리에서 하나님에게 나아가는 것, 그것이 바로 겸손이었고, 이런 겸손한 기도를 주께서는 응답하신 것입니다. 그는 자신이 왕이기 전에 종(왕상 3:7, 주께서 종으로 종의 아버지 다윗을 대신하여 왕이 되게 하셨사오나)임을 잊지 않았던 것입니다.

3. 지혜를 구한 기도입니다

이제 솔로몬 왕이 구한 기도의 핵심 내용이 열왕기상 3장 9절에 기록됩니다.

> 누가 주의 이 많은 백성을 재판할 수 있사오리이까 듣는 마음을 종에게 주사 주의 백성을 재판하여 선악을 분별하게 하옵소서

우주의 통치자, 만물의 주인에게 마땅히 구할 것이 얼마나 많았겠습니까? 그런데 이 중요한 순간 솔로몬의 선택은 '듣는 마음'이었고 '분별의 지혜'였던 것입니다. 그는 그의 새로운 지위가 왕이지만 왕의 궁극적 소명은 섬기는 종이었음을 잊지 않았고 이런 섬김을 위해 가장 필요한 것, 곧 지혜를 구하기로 한 것입니다. 후일 솔로몬은 잠언 3장에서 지혜의

가치를 이렇게 증언합니다.

"이는 지혜를 얻는 것이 은을 얻는 것보다 낫고 그 이익이 정금보다 나음이니라"(잠 3:14)

잠언 3장 18절을 또한 보십시오.

"지혜는 그 얻은 자에게 생명 나무라 지혜를 가진 자는 복되도다"

솔로몬은 먼저 '듣는 마음'(understanding mind)을 구했습니다. 지혜는 들음에서 시작됩니다. 우리는 듣지 않고 먼저 말을 하고자 합니다. 그러니까 진실의 실체를 알기가 어렵습니다. 경청은 상대방을 이해하는 첫걸음입니다. 잠언 18장 13절의 말씀을 기억하십니까?

"사연을 듣기 전에 대답하는 자는 미련하여 욕을 당하느니라"

철학자 제노는 창조주가 우리에게 하나의 혀와 두 개의 귀를 주신 이유는 듣는 것을 말하는 것보다 배로 하라는 뜻이라고 했습니다. 경청을 통하여 우리는 이해의 자리에 서게 되고 이해의 자리에서 비로소 분별의 지혜를 얻게 됩니다. 분별은 옳은 것과 그른 것을 보게 하는 능력입니다. 분별은 참된 것과 거짓된 것을 보게 하는 능력입니다. 분별은 숲속에서 사람들이 길을 잃고 있을 때 나아갈 길을 찾게 하는 능력입니다. 분별은 재앙을 피하게 하고 축복된 기회를 따르게 합니다. 잠언 22장 3절을 보십시오.

"슬기로운 자는 재앙을 보면 숨어 피하여도 어리석은 자는 나가다가 해를 받느니라"

분별할 줄 아는 사람은 올바른 자리에서 올바른 시간에 올바른 선택을 하게 합니다.

인생은 분별 있는 선택을 한 사람에게 복을 예비하고 선한 영향력을 끼치게 합니다. 빌라도의 선택과 예수님의 선택을 비교해 보십시오. 빌라도는 예수께서 무죄하심을 알고도 '바라바냐, 예수냐'라는 군중의 선택에 예수님의 운명을 맡겼습니다. 그 결과 우리는 신앙고백을 할 때마다 "본디오 빌라도에게 고난을 받으사"라고 지금도 그 이름을 정죄합니다. 그러나 예수님은 십자가를 피할 수 있는 상황에서 십자가를 선택하시고 십자가의 길을 걸으셨습니다.

나의 원대로 마시옵고 아버지의 원대로 하옵소서(마 26:39)

그 결과 그는 오늘 우리에게 찬양과 경배를 받으시는 만왕의 왕, 만주의 주, 솔로몬보다 더 큰 왕이 되셨습니다. 그래서 야고보서 1장 5절에서 예수님의 동생 야고보는 "너희 중에 누구든지 지혜가 부족하거든 모든 사람에게 후히 주시고 꾸짖지 아니하시는 하나님께 구하라 그리하면 주시리라"고 말합니다. 솔로몬의 선택, 그보다 더 큰이, 예수님의 선택을 배우는 우리가 됩시다. 오직 주의 뜻을 따르는 참 지혜로운 십자가 인생이 됩시다.

04

왕의 지혜

열왕기상 3장 27-28절
[27]왕이 대답하여 이르되 산 아이를 저 여자에게 주고 결코 죽이지 말라 저가 그의 어머니이니라 하매 [28]온 이스라엘이 왕이 심리하여 판결함을 듣고 왕을 두려워하였으니 이는 하나님의 지혜가 그의 속에 있어 판결함을 봄이더라

솔로몬이 왕위에 등극하며 드린 기도는 진실로 하나님을 기쁘시게 한 기도였습니다. 그런 기도의 결과로 그는 듣는 마음, 분별하는 지혜라는 아주 특별한 하나님의 선물을 받습니다. 열왕기상 3장 12절에서의 하나님의 약속의 말씀을 다시 상기시켜 드립니다.

"내가 네 말대로 하여 네게 지혜롭고 총명한 마음을 주노니 네 앞에도 너와 같은 자가 없었거니와 네 뒤에도 너와 같은 자가 일어남이 없으리라"

이런 기도의 응답을 약속받은 솔로몬은 이제 하나님의 임재를 상징하는 언약궤 앞에서 감사의 기도를 드립니다. 열왕기상 3장 15절의 말씀입니다.

"솔로몬이 깨어 보니 꿈이더라 이에 예루살렘에 이르러 여호와의 언약궤 앞에 서서 번제와 감사의 제물을 드리고 모든 신하들을 위하여 잔치하였더라"

솔로몬 왕은 이 꿈을 평범한 한 날 밤의 꿈(견몽)이 아니라, 하나님이 자신의 기도를 응답하시기 위한 특별한 계시의 꿈으로 이해한 것입니다. 그래서 너무나 감사한 마음으로 잔치까지 열어 그 감사한 마음을 표현한 것입니다. 그리고 이어 그가 이런 지혜를 하나님으로부터 받은 사람이었음을 증명하는 역사적 세기의 재판 사건이 열립니다. 이것이 열왕기상 3장

16-27절에 기록된 우리가 잘 아는 두 매춘부 여자의 아이 사건입니다.

이 재판 사건에는 이 소송에 관여한 변호인이나 다른 법정 대리인도 없었고 밤중에 두 여인만 있는 자리에서 일어난 사건이어서 증인도 존재하지 않았습니다. 그래서 해결이 난제일 수밖에 없는 어려운 소송 사건이었습니다. 사건은 예루살렘 홍등가 어딘가에 있는 창기들의 처소에서 일어난 사건이었습니다. 그날 밤에는 달리 손님도 없었습니다. 두 창녀와 갓 태어난 그들의 두 아들만 그 처소에 있었습니다. 그런데 다음 날 아침, 아기를 품에 안고 있던 한 여인은 충격적인 발견을 하게 됩니다. 자기 품에 안고 있는 아들이 죽어 있었던 것입니다. 엄마라면 당연히 자신의 아들을 인지합니다. 그런데 창가 아침 햇살에 비춰 본 그 죽은 아들은 자기 아들이 아니었던 것입니다. 그리고 순간적으로 이 여인은 진실을 파악했습니다. 저 옆에 있는 친구 여인이 밤새 자기 아들 위로 부주의하게 뒹굴다가 자기 아이를 죽여 놓고 내 아이와 바꿔치기를 한 것을 말입니다. 하지만 그 여인은 완강하게 자기주장을 펼칩니다.

다른 여자는 이르되 아니라 산 것은 내 아들이요 죽은 것은 네 아들이라 하고 이 여자는 이르되 아니라 죽은 것이 네 아들이요 산 것이 내 아들이라 하며 왕 앞에서 그와 같이 쟁론하는지라(왕상 3:22)

과연 두 여자 중 어떤 여인이 진실을 말하고 있었을까요? 이것은 재판관인 솔로몬 왕에게 중대한 시험이었습니다. 솔로몬 왕은 과연 공정한 판단으로 이 문제를 해결할 수 있었겠습니까? 그런데 우리는 잘 압니다. 솔로몬이 얼마나 간단하고 명쾌하게 이 사건을 해결했는가 말입니다. 왕은 칼을 가져오라고 명합니다. 그리고 드디어 선고를 내립니다.

왕이 이르되 산 아이를 둘로 나누어 반은 이 여자에게 주고 반은 저 여자
에게 주라(왕상 3:25)

그러자 아이의 친모는 바로 반응을 보입니다. "왕이시여, 그렇게 하지
마시고, 저 여자에게 산 아이를 주고 죽이지 마옵소서."라고 간청합니
다. 그러나 다른 여자는 내 것도 되지 말고 네 것도 되지 말게 왕의 판결
처럼 나누자고 말합니다. 이제 누가 이 산 아이의 어머니인지 명확해진
것이 아닙니까? 27절에서 왕은 지체 없이 다시 선고를 내립니다.

왕이 대답하여 이르되 산 아이를 저 여자에게 주고 결코 죽이지 말라 저
가 그의 어머니이니라 하매

솔로몬은 모성의 본능을 자극하여 눈부신 통찰력으로 여인들의 마음
을 시험한 것이었습니다. 얼마나 놀랍고 탁월한 지혜의 발로입니까? 정
의는 실현되었고 아이는 진짜 엄마의 품으로 돌아갔습니다. 성경은 이
판단의 결과를 마지막 28절에서 어떻게 증언합니까?

온 이스라엘이 왕이 심리하여 판결함을 듣고 왕을 두려워하였으니 이는
하나님의 지혜가 그의 속에 있어 판결함을 봄이더라

우리는 여기서 성경이 증언하는 참된 지혜의 본질이 무엇인가를 묻게
됩니다.

너희는 솔로몬에게 배우라

1. 지혜는 지식과 다른 판단력
혹은 분별력을 뜻합니다

　오늘 우리가 사는 시대는 소위 정보화의 시대 혹은 지식이 홍수처럼 밀려오는 시대입니다. 그렇다고 우리의 삶의 질이 옛날보다 더 상승되었다고 말하기는 어려운 시대를 살고 있습니다. 더 많은 스트레스와 더 많은 삶의 무게를 짊어지고 허덕이는 이웃들과 우리네 자신의 삶을 목격하게 됩니다. 왜, 그럴까요? 지식의 증가 혹은 정보의 홍수가 반드시 우리의 삶의 질을 향상시키지는 못하고 있기 때문입니다. 오히려 더 많은 정보의 홍수 속에서 우리는 판단과 선택의 어려움을 경험하고 있는 것입니다.

　철학자 소크라테스는 지식과 지혜의 차이를 잘 말해준 사람입니다. 그는 사람은 많은 지식을 갖고도 여전히 어리석게 행동할 수 있다고 말합니다. 하지만 지혜 있는 사람은 어리석게 행동하지 않는데, 그 이유는 그는 지식의 한계를 알고 있기 때문이라고 말합니다. 내가 모르는 것이 얼마나 많은가를 아는 사람이 지혜로운 사람이라고 말합니다. 대체로 지식의 원천은 책이나 스승, 요즈음은 인터넷입니다. 그러나 지혜는 일상의 경험에서 나온 것입니다. 따라서 지혜로운 사람은 정보만 의지하지 않습니다. 경험에 비추어 판단합니다. 그래서 덜 실수하고 덜 일방적입니다. 경험이 많을수록 더 조심스럽고 더 넓게 적용합니다. 그래서 보다 안전하게 보다 객관적이고 이타적인 판단을 할 수 있습니다.

사도 야고보는 땅의 지혜와 하늘에서 온 지혜를 날카롭게 구별합니다. "그러나 너희 마음 속에 독한 시기와 다툼이 있으면 자랑하지 말라 진리를 거슬러 거짓말하지 말라 이러한 지혜는 위로부터 내려온 것이 아니요 땅 위의 것이요 정욕의 것이요 귀신의 것이니"(약 3:14-15)

다음의 야고보서 3장 17절 말씀과 비교해 보십시오.

"오직 위로부터 난 지혜는 첫째 성결하고 다음에 화평하고 관용하고 양순하며 긍휼과 선한 열매가 가득하고 편견과 거짓이 없나니"

그래서 오늘 본문에서 성경은 솔로몬에게 임한 지혜를 하나님의 지혜라고 말합니다. 하나님의 지혜가 그 속에서 그리고 그 지혜는 기도로 얻어진 것이었다는 사실입니다. 그렇다면 솔로몬처럼 복된 지혜의 사람이 되려면 기도해야 한다는 것입니다. 책이나 인터넷에서 지식을 얻을 수 있지만, 때에 따라 삶의 정황에서 우리를 복되게 하는 판단인 지혜는 기도로만 얻어진다는 것입니다. 그래서 지나간 날 우리의 믿음의 선배들은 '쉬지 않고 기도함'으로 지혜를 얻고 역경을 돌파해 간 것입니다.

다시 야고보서 1장 5절의 말씀을 기억합시다.

너희 중에 누구든지 지혜가 부족하거든 모든 사람에게 후히 주시고 꾸짖지 아니하시는 하나님께 구하라 그리하면 주시리라

그래서 우리는 시편 기자와 함께 기도하지 않을 수 없습니다. 시편 72

편 1절입니다. "하나님이여 주의 판단력을 왕에게 주시고 주의 공의를 왕의 아들에게 주소서"라고 말입니다. 시편 72편 앞에는 〈솔로몬의 시〉라는 제목이 붙어 있습니다. 우리는 솔로몬과 함께 기도하지 않을 수 없습니다. 모든 다스리는 자들에게 그리고 모든 재판하는 자들에게 아니 모든 리더들에게 이런 하나님의 지혜를 달라고 기도해야 할 것입니다.

3. 참된 지혜의 성육신으로 오신 분이 그리스도이심을 기억해야 합니다

예수님 당시에 유대인들은 하나님의 능력에 목말라 있었고 그래서 하나님의 표적이 어떤 선지자를 통해 일어나느냐에 관심이 많았습니다. 반면, 그리스인들은 무엇보다 지식에 목말라 있었고 그래서 철학자들을 찾아 지식이나 지혜의 말씀에 귀를 기울였습니다. 고린도전서 1장 22절을 보십시오.

"유대인은 표적을 구하고 헬라인은 지혜를 찾으나"

그런데 바울 사도는 고린도전서 1장 24절에서 이런 선언을 합니다.

"오직 부르심을 받은 자들에게는 유대인이나 헬라인이나 그리스도는 하나님의 능력이요 하나님의 지혜니라"

그리스도가 바로 하나님의 능력이고 하나님의 지혜라는 것입니다. 그리고 그리스도 안에 거하게 된 특권을 이렇게 선포합니다.

너희는 하나님으로부터 나서 그리스도 예수 안에 있고 예수는 하나님으로부터 나와서 우리에게 지혜와 의로움과 거룩함과 구원함이 되셨으니

(고전 1:30)

이제는 예수만이 우리에게 참된 지혜가 되셨다는 것입니다.

초대 교회를 흔든 이단 중에 영지주의(Gnosticism)가 있었습니다. 그들은 그들만이 특별한 영적 지식과 영적 비밀을 알고 있다고 자부했습니다. 그런데 바울 사도는 그런 영지주의자들에게 맞서있는 골로새 성도들에게 골로새서 2장 2절에서 하나님의 비밀은 그리스도뿐이고 그리스도를 깨닫는 것보다 더 중요한 것은 없다고 말합니다.

"이는 그들로 마음에 위안을 받고 사랑 안에서 연합하여 확실한 이해의 모든 풍성함과 하나님의 비밀인 그리스도를 깨닫게 하려 함이니"

이어지는 골로새서 2장 3절을 보십시오.

"그 안에는 지혜와 지식의 모든 보화가 감추어져 있느니라"

이제 우리에게 그리스도를 떠난 어떤 지혜도 있을 수 없습니다. 오직 그리스도 안에 우리가 갈망하고 우리가 소원하던 모든 지혜와 지식이 다 들어 있습니다. 이제 우리는 그리스도의 눈으로 모든 것을 바라보고 판단해야 합니다. 그가 우리의 지혜이시기 때문입니다.

마지막으로 하나님의 모든 지혜는 사회적 약자들을 위해 먼저 사용되어져야 한다는 것입니다. 우선 우리는 한 나라의 권력의 최고봉에 있던 왕이 일개 매춘부들의 재판 사건에 친히 직접적으로 나서고 있었다는 것을 주목해야 합니다. 그것은 매춘부의 인권도 하나님의 형상대로 지음받았음을 가르치는 창세기의 교훈에 기초하고 있었기 때문입니다. 그런 사람들의 사소한 재판 거리는 솔로몬 왕이 직접 나서지 않아도 나서서 그 일을 대행할 신하가 없었겠습니까? 그러나 성경은 솔로몬 왕이 기도로 하나님의 지혜를 얻었다는 사실을 증언한 후 첫 번째 케이스로 이 두 사람, 매춘부의 케이스를 왕이 직접 다루면서 그가 받은 하나님의 지혜를 드러낼 수 있었다고 말합니다. 본문 16절을 보십시오.

"그때에 창기 두 여자가 왕에게 와서 그 앞에 서며"

왕은 이 두 여자가 직접 그 케이스를 왕의 면전에서 진술하게 한 것입니다.

잠언서의 몇몇 구절들은 이때의 솔로몬 왕의 심정을 드러내고 있는 것으로 보여집니다. 잠언 20장 8절을 보겠습니다.

"심판 자리에 앉은 왕은 그의 눈으로 모든 악을 흩어지게 하느니라"

악을 헤아리고 징벌하는 것이야 말로 왕의 소명으로 받아들인 것입니다. 잠언 25장 2절을 보시겠습니다.

"일을 숨기는 것은 하나님의 영화요 일을 살피는 것은 왕의 영화니라"

용서는 하나님의 고유한 권한이지만 이 땅의 치리자들은 공명정대하게 일을 판단하고 살펴야 한다고 말하는 것입니다. 성경은 마침내 왕 중의 왕의 아들이신 그리스도가 이 땅에 오사 행하실 가장 중요한 미션을 구약 이사야의 예언을 적용하며 누가복음 4장 18-19절에서 증언합니다.

"주의 성령이 내게 임하셨으니 이는 가난한 자에게 복음을 전하게 하시려고 내게 기름을 부으시고 나를 보내사 포로 된 자에게 자유를 눈 먼 자에게 다시 보게 함을 전파하며 눌린 자를 자유롭게 하고 주의 은혜의 해를 전파하게 하려 하심이라"

여기 은혜의 해란 희년을 말하는 것으로 모든 인간을 자유롭게 하는 희년의 주인으로 그분이 이 땅에 오셨음을 선포한 것입니다.

로마서 2장 16절에서 그분 예수 그리스도가 다시 오실 날의 일을 선포합니다.

"곧 나의 복음에 이른 바와 같이 하나님이 예수 그리스도로 말미암아 사람들의 은밀한 것을 심판하시는 그날이라"

누가 그날 그 심판대 앞에 서게 될까요? 고린도후서 5장 10절의 말씀을 보겠습니다.

"이는 우리가 다 반드시 그리스도의 심판대 앞에 나타나게 되어 각각 선악 간에 그 몸으로 행한 것을 따라 받으려 함이라"

요한계시록 22장 12절의 역사의 끝날에 대한 증언도 보십시오.

"보라 내가 속히 오리니 내가 줄 상이 내게 있어 각 사람에게 그가 행한 대로 갚아 주리라"

그렇습니다. 그날이 곧 속히 올 것입니다. 그때 솔로몬보다 더 큰 왕이 친히 사람들의 살아온 인생을 살펴 혹은 상급을 혹은 심판을 선포하실 것입니다. 마치 오늘 본문에 아이의 친모에게 아들을 돌려주는 상을 베푸신 이가 아들을 훔쳐 살해하려고 한 여인을 심판하신 것처럼 말입니다. 왕의 공의와 자비가 함께 드러나는 순간이었습니다. 십자가는 하나님의 자비와 심판이 함께 드러난 사건이었습니다. 이제 그가 다시 오시는 날 그의 완벽한 지혜로 인류의 역사를 심판하실 것입니다. 그런 주님을 따르며 지혜로운 인생을 사는 주의 제자들이 되시기를 기도합시다. 할렐루야!

05

왕의 영화

열왕기상 4장 20-25절

[20]유다와 이스라엘의 인구가 바닷가의 모래 같이 많게 되매 먹고 마시며 즐거워하였으며 [21]솔로몬이 그 강에서부터 블레셋 사람의 땅에 이르기까지와 애굽 지경에 미치기까지의 모든 나라를 다스리므로 솔로몬이 사는 동안에 그 나라들이 조공을 바쳐 섬겼더라 [22]솔로몬의 하루의 음식물은 가는 밀가루가 삼십 고르요 굵은 밀가루가 육십 고르요 [23]살진 소가 열 마리요 초장의 소가 스무 마리요 양이 백 마리이며 그 외에 수사슴과 노루와 암사슴과 살진 새들이었더라 [24]솔로몬이 그 강 건너편을 딥사에서부터 가사까지 모두, 그 강 건너편의 왕을 모두 다스리므로 그가 사방에 둘린 민족과 평화를 누렸으니 [25]솔로몬이 사는 동안에 유다와 이스라엘이 단에서부터 브엘세바에 이르기까지 각기 포도나무 아래와 무화과나무 아래에서 평안히 살았더라

기독교 구원의 교리는 세 단계를 거칩니다. 첫째 단계가 예수를 구주와 주님으로 믿고 의롭다함을 받는 칭의(Justification)이고, 칭의에 따라오는 다음 단계인 둘째 단계, 주님을 닮은 거룩함을 이루어 가는 단계를 성화(Sanctification)라고 일컫습니다. 그리고 마지막 성화가 완성되었을 때를 가리켜 영화(Glorification)라고 부릅니다. 그것은 예수님께서 다시 오시고, 우리가 주님 앞에 서서 누리게 될 마지막 은혜의 절정이라고 할 수 있습니다. 주님이 우리를 온전히 통치해 주실 때에 기대할 수 있는 마지막 소망의 극치라고 할 수 있습니다. 그런데 오늘의 본문 열왕기상 4장에는 솔로몬이 이스라엘 왕으로 등극하고 그의 통치가 절정을 이루었을 때의 상황을 묘사하고 있습니다. 이때를 솔로몬의 영화의 시간이라고 할 수 있고 이런 상황은 장차 우리 주 예수 그리스도께서 만물을 온전하게 회복하시고 통치하시게 될 때의 미래의 영화로움을 보여주고 있습니다.

솔로몬이 통치한 시대가 영화의 시간이었던 것은 무엇보다 예수님의 말씀으로도 증명이 됩니다. 마태복음 6장 29절을 보겠습니다.
"그러나 내가 너희에게 말하노니 솔로몬의 모든 영광으로도 입은 것이 이 꽃 하나만 같지 못하였느니라"

공동번역은 이렇게 옮겼습니다.

"그러나 온갖 영화를 누린 솔로몬도 이 꽃 한 송이만큼 화려하게 차려 입지 못하였다"

표준 새번역도 동일하게 번역합니다. 킹 제임스 역은 "even Solomon in all his glory"(솔로몬의 모든 영광으로도)라고 번역합니다. 그렇다면 도대체 솔로몬의 영광의 시대는 백성들이 실제로 어떤 모습의 삶을 영위하고 있었을까요? 이제 우리는 솔로몬의 영화로운 통치 시대를 세 가지로 조명해 보고자 합니다.

1. 풍성한 식탁입니다

우리는 한 나라의 지도자가 등극하면 그의 통치의 성공을 무엇보다 민생에서 기대합니다. 먹고 살 걱정이 없는 시대, 이것이 가장 좋은 통치의 결과가 될 것입니다. 우리가 정치에 가장 민감한 반응을 보일 때가 일용할 식품값이 오를 때가 아닙니까? 우선 본문이 시작되는 열왕기상 4장 20절 말씀을 보겠습니다.

유다와 이스라엘의 인구가 바닷가의 모래 같이 많게 되매 먹고 마시며 즐거워하였으며

이것은 솔로몬의 통치가 그 백성들에게 얼마나 풍요로운 식탁을 제공할 수 있었는가를 보여주는 대목입니다. 솔로몬 왕 자신은 왕궁에서 얼마나 풍요로운 식탁을 날마다 즐겼는지를 다음 4장 22-23절 말씀이 보여주고 있습니다.

"솔로몬의 하루의 음식물은 가는 밀가루가 삼십 고르요 굵은 밀가루가 육십 고르요 살진 소가 열 마리요 초장의 소가 스무 마리요 양이 백 마리이며 그 외에 수사슴과 노루와 암사슴과 살진 새들이었더라"

하루의 식량으로 어마어마한 양이 아닌가요? 왜 그렇게 많은 양이 필요했을까요? 솔로몬 왕이 날마다 먹여 살려야 할 식구들이 많았던 것입니다. 왕실에는 왕비 700명, 후궁 300명, 그리고 수많은 자녀(왕비와 후궁을 합하면 1,000명인데 자녀를 한 명씩만 나아도 자녀가 1,000명은 되지 않았겠습니까?), 거기다가 왕궁에서 일하는 식솔들, 신하들과 종들 모두에게 일용할 양식을 공급해야 하기 때문이었습니다.

한 성경학자는 솔로몬의 부양가족은 최소 14,000명에서 최고 32,000명에 이르렀을 것으로 추정합니다. 거기다가 식량이 필요한 많은 말들이 있었습니다. 본문에 따라오는 26-28절을 읽어 보십시오.

"솔로몬의 병거의 말 외양간이 사만이요 마병이 만 이천 명이며 그 지방 관장들은 각각 자기가 맡은 달에 솔로몬 왕과 왕의 상에 참여하는 모든 자를 위하여 먹을 것을 공급하여 부족함이 없게 하였으며 또 그들이 각기 직무를 따라 말과 준마에게 먹일 보리와 꼴을 그 말들이 있는 곳으로 가져왔더라"

아마도 날마다 잔치요 축제였을 것입니다. 매일 제빵사들은 빵과 파이를 굽기 위해 최고 최상품의 밀가루 곡식 가루를 수천 킬로그램 이상 사용했을 것이었습니다. 황소와 암소, 양들 사슴과 사육장의 동물들 수십 마리들이 왕의 식탁에 산해진미 고기들을 제공했을 것입니다. 얼마나 상상만 해도 군침이 나오게 하는 영화로운 식탁이었겠습니까?

솔로몬 왕은 예루살렘에만 왕궁을 건축한 것이 아니었습니다. 열왕기상 9장 15절을 보십시오.

"솔로몬 왕이 역군을 일으킨 까닭은 이러하니 여호와의 성전과 자기 왕궁과 밀로와 예루살렘 성과 하솔과 므깃도와 게셀을 건축하려 하였음이라"

오늘날 이스라엘 성지순례를 가보면 특히 므깃도에 성경의 증언대로 솔로몬이 거대한 마병의 성읍을 건설했던 것을 알 수 있습니다. 여기 말들의 고삐를 매는 돌기둥들이 발굴되었습니다. 언덕 중앙에는 말들에게 물을 먹이던 큰 물통들도 발굴되고 여기 과수원 보리와 밀 옥수수 등 농작물 창고들이 있어 솔로몬 왕의 식탁을 풍성하게 하는 자원의 공급처로 사용되었던 것을 확인할 수 있습니다. 이런 솔로몬 시대의 풍성한 식탁은 장차 임할 완성된 하나님 나라 식탁의 그림자에 불과한 것이었습니다. 성경은 장차 그리스도께서 왕이 되어 다스릴 그 나라의 잔치 이야기를 들려줍니다. 이사야 25장 6절을 보십시오.

만군의 여호와께서 이 산에서 만민을 위하여 기름진 것과 오래 저장하였던 포도주로 연회를 베푸시리니 곧 골수가 가득한 기름진 것과 오래 저장하였던 맑은 포도주로 하실 것이며

이 나라에로의 초대를 기억하십니까?

오호라 너희 모든 목마른 자들아 물로 나아오라 돈 없는 자도 오라 너희는 와서 사 먹되 돈 없이, 값 없이 와서 포도주와 젖을 사라(사 55:1)

솔로몬 영광의 시대를 대표하는 또 하나는 열국의 통치입니다. 주변 많은 여러 나라를 다스리고 통치한 것입니다.

솔로몬이 그 강에서부터 블레셋 사람의 땅에 이르기까지와 애굽 지경에 미치기까지의 모든 나라를 다스리므로 솔로몬이 사는 동안에 그 나라들이 조공을 바쳐 섬겼더라(왕상 4:21)

그런데 솔로몬 시대 통치의 한 특성은 별로 전쟁 없이 열국을 다스리고 평화롭게 통치했다는 것입니다. 그 아버지 다윗의 일생은 피 흘리는 전쟁으로 가득 차 있었습니다. 오죽했으면 그런 피 흘림의 이유로 하나님은 다윗에게 성전 건축을 허락하지 않으셨습니다. 본문 24절을 읽어 보십시오.

"솔로몬이 그 강 건너편을 딥사에서부터 가사까지 모두, 그 강 건너편의 왕을 모두 다스리므로 그가 사방에 둘린 민족과 평화를 누렸으니"

그는 열국을 다스리되 평화롭게 다스린 것입니다. 이스라엘 역사에서 거의 유일하게 이스라엘이 사방에 둘러싼 나라들과 평화를 유지한 것입니다. 우리는 솔로몬 왕에 대한 역사적 증언에서 그가 전쟁을 위해 병거를 몰고 나아갔다든가 그래서 승전을 거두었다는 그런 기록을 읽을 수 없습니다. 그는 주변 이집트, 시리아, 블레셋 어떤 나라 어떤 부족과도 전쟁하지 않고 평화를 유지했습니다. 그리고도 주변 국가로부터 자발적으로 조공을 받고 그들을 오히려 다스릴 수 있었습니다.

53

솔로몬 왕이 다스린 왕국은 역사상 가장 광활한 영역에 그의 통치가 미치고 있었습니다. 북쪽의 항구도시 딥사에서부터 지중해 연안에 위치한 블레셋 성읍 가사에 이르기까지 그리고 유프라테스 서쪽의 모든 나라를 다스렸고 주변 나라들과 친선관계를 유지하여 평화롭게 지냈습니다. 그의 지혜로운 통치의 결과였습니다. 그의 지혜로운 명성은 주변 모든 나라에 미쳐 스스로 이스라엘과 평화를 유지하게 만든 것입니다. 그는 싸우지 않고 정복하여 열국을 다스리는 왕이 된 것입니다. 솔로몬 왕국의 국고 세입 출처는 외국 무역과 대상 통행세, 정련된 구리 수출, 그리고 속국들의 공물이었습니다. 말과 병거의 활발한 수출입 무역도 왕국의 재정적 안정에 기여했습니다. 하나님께로부터 지혜를 받은 한 지도자의 통치가 가져올 수 있는 그 결과를 볼 수 있습니다. 그래서 우리는 한 나라의 지도자를 위해 중보기도 할 때 무엇보다 하나님이 그에게 지혜를 주시도록 기도해야 합니다.

3. 완벽한 평화입니다

이미 우리는 솔로몬의 열국 통치에서 그의 지혜로 가져온 평화를 볼 수 있었습니다. 그러나 좀 더 세밀하게 그가 어떻게 그의 통치시대를 완벽한 평화로 만들었는가를 성찰해 보고자 합니다. 본문 25절을 유의해서 읽겠습니다.

솔로몬이 사는 동안에 유다와 이스라엘이 단에서부터 브엘세바에 이르기까지 각기 포도나무 아래와 무화과나무 아래에서 평안히 살았더라 어떤 말이 인상적인가요? 그런데 대부분의 "평안히 살았더라"라는 구절의 영어 번역은 lived(dwelt) safely, '안전하게 살았다'라고 번역합니다. 안전이 담보되지 않은 곳에서 평화는 존재할 수 없기 때문입니다. 지금도 이스라엘이라는 나라는 평화롭지 못합니다. 우리가 잘 아는 바와 같이 가자 지구를 둘러싼 하마스와 이스라엘이 전쟁 중입니다. 그런데 솔로몬 시대에 유일한 역사적 예외로 평화가 지배하는 시대가 있었던 것입니다.

"포도나무 아래와 무화과나무 아래서 평안히 살았더라"(왕상 4:25)

솔로몬의 나라가 누린 이 놀라운 평화야말로 장차 임할 그리스도의 나라의 평화의 그림자라고 할 수 있습니다.

솔로몬이 자기 시대에 그런 평화를 가져올 수 있었던 비밀은 하나님이 그에게 주신 지혜 때문이었습니다. 그의 지혜는 단순히 영적 지혜만이 아닌 모든 삶의 영역에 걸친 지혜였습니다. 오늘 열왕기상 4장 말미에는 그의 지혜의 놀라운 영역들을 말해주고 있습니다.

"그는 모든 사람보다 지혜로워서 예스라 사람 에단과 마홀의 아들 헤만과 갈골과 다르다보다 나으므로 그의 이름이 사방 모든 나라에 들렸더라 그가 잠언 삼천 가지를 말하였고 그의 노래는 천다섯 편이며"(왕상 4:31-32)

그뿐 아닙니다. 그는 초목과 짐승, 조류와 곤충, 어류에 대하여도 백과사전적 지혜를 가지고 있었습니다.

"그가 또 초목에 대하여 말하되 레바논의 백향목으로부터 담에 나는 우슬초까지 하고 그가 또 짐승과 새와 기어다니는 것과 물고기에 대하여 말한지라"(왕상 4:33)

열왕기상 마지막 구절은 그의 지혜가 한 시대에 초래한 영향력을 증언합니다.

사람들이 솔로몬의 지혜를 들으러 왔으니 이는 그의 지혜의 소문을 들은 천하 모든 왕들이 보낸 자들이더라(왕상 4:34)

그런데 성경에서 예수님이 친히 "솔로몬보다 더 큰 이가 여기에 있다"(마 12:42)고 선언하십니다. 그가 바로 완벽한 평화의 소식을 가지고 이 땅에 오신 예수 그리스도이십니다. 그가 이 땅에 태어나신 날 천사들은 노래하였습니다.

"지극히 높은 곳에서는 하나님께 영광이요 땅에서는 하나님이 기뻐하신 사람들 중에 평화로다 하니라"(눅 2:14)

바울 사도는 우리를 그 그리스도 앞으로 초대하며 약속합니다.

"그러므로 우리가 믿음으로 의롭다 하심을 받았으니 우리 주 예수 그리스도로 말미암아 하나님과 화평을 누리자"(롬 5:1)

인류가 그리스도가 왕이 되어 다스릴 때의 평화를 이사야 선지자는 이렇게 묘사하고 있습니다.

"그때에 이리가 어린 양과 함께 살며 표범이 어린 염소와 함께 누우며 송아지와 어린 사자와 살진 짐승이 함께 있어 어린 아이에게 끌리며 암소와 곰이 함께 먹으며 그것들의 새끼가 함께 엎드리며 사자가 소처럼 풀을 먹을 것이며 젖 먹는 아이가 독사의 구멍에서 장난하며 젖 뗀 어린 아이가 독사의 굴에 손을 넣을 것이라 내 거룩한 산 모든 곳에서 해 됨도 없고 상함도 없을 것이니 이는 물이 바다를 덮음 같이 여호와를 아는 지식이 세상에 충만할 것임이니라"(사 11:6-9)

오늘 우리는 그런 세상이 올 것을 믿고 그런 평화의 왕의 다스림을 날마다 받으면서 평화롭게 살아갈 수 있을까요? 우선 우리는 골로새서 2장 3절의 약속을 믿어야 합니다.

"그 안에는(그리스도 안에는) 지혜와 지식의 모든 보화가 감추어져 있느니라"

그리고 우리는 기도의 능력을 또한 믿어야 합니다. 야고보서 1장 5절의 말씀을 기억합시다.

"너희 중에 누구든지 지혜가 부족하거든 모든 사람에게 후히 주시고 꾸짖지 아니하시는 하나님께 구하라 그리하면 주시리라"

이제 솔로몬처럼 왕 중의 왕 되신 하나님에게 나아와 필요한 지혜를 구합시다. 그러면 지금도 살아계셔서 지혜로 응답하시고 지혜를 주시는 하나님의 은혜를 경험하며 무화과나무와 포도나무 아래서 혼란한 이 세상 한복판에서도 평화롭게 살아가는 삶이 주어질 것입니다. 그러면 지금 여기에서도 솔로몬의 영화로운 축복을 경험하게 될 것입니다. 이런 영광이 여러분과 함께 하시기를 기도합니다.

06

왕의 성전 건축

열왕기상 5장 1–6절, 6장 37–38절

5:1 솔로몬이 기름 부음을 받고 그의 아버지를 이어 왕이 되었다 함을 두로 왕 히람이 듣고 그의 신하들을 솔로몬에게 보냈으니 이는 히람이 평생에 다윗을 사랑하였음이라 ²이에 솔로몬이 히람에게 사람을 보내어 이르되 ³당신도 알거니와 내 아버지 다윗이 사방의 전쟁으로 말미암아 그의 하나님 여호와의 이름을 위하여 성전을 건축하지 못하고 여호와께서 그의 원수들을 그의 발바닥 밑에 두시기를 기다렸나이다 ⁴이제 내 하나님 여호와께서 내게 사방의 태평을 주시매 원수도 없고 재앙도 없도다 ⁵여호와께서 내 아버지 다윗에게 하신 말씀에 내가 너를 이어 네 자리에 오르게 할 네 아들 그가 내 이름을 위하여 성전을 건축하리라 하신 대로 내가 내 하나님 여호와의 이름을 위하여 성전을 건축하려 하오니 ⁶당신은 명령을 내려 나를 위하여 레바논에서 백향목을 베어내게 하소서 내 종과 당신의 종이 함께 할 것이요 또 내가 당신의 모든 말씀대로 당신의 종의 삯을 당신에게 드리리이다 당신도 알거니와 우리 중에는 시돈 사람처럼 벌목을 잘하는 자가 없나이다 … 6:37 넷째 해 시브월에 여호와의 성전 기초를 쌓았고 ³⁸열한째 해 불월 곧 여덟째 달에 그 설계와 식양대로 성전 건축이 다 끝났으니 솔로몬이 칠 년 동안 성전을 건축하였더라

우리가 이미 살펴본 것처럼 다윗의 평생의 갈망 중, 하나는 성전을 건축하는 일이었습니다. 그러나 하나님은 그것을 허락하지 않으셨습니다. 역대상 22장 8절을 보겠습니다.

"여호와의 말씀이 내게 임하여 이르시되 너는 피를 심히 많이 흘렸고 크게 전쟁하였느니라 네가 내 앞에서 땅에 피를 많이 흘렸은즉 내 이름을 위하여 성전을 건축하지 못하리라"

이제 다윗은 저세상으로 떠났고 아들 솔로몬이 왕위에 등극한 후 평화의 시대가 찾아왔습니다. 본문 열왕기상 5장 4절에 보면 "이제 내 하나님 여호와께서 내게 사방의 태평을 주시매 원수도 없고 재앙도 없도다"고 합니다. 솔로몬 왕은 이때야말로 그 부친의 소원인 성전 건축의 때가 도래하였음을 인지한 것입니다. 이제 본문 5장 5절을 보십시오.

여호와께서 내 아버지 다윗에게 하신 말씀에 내가 너를 이어 네 자리에 오르게 할 네 아들 그가 내 이름을 위하여 성전을 건축하리라

그는 이제 팔레스타인에서 구할 수 있는 최고의 건축 자재인 백향목을 많이 기르는 레바논 히람에게 도움을 구하기로 한 것입니다. 마침 두로

의 왕 히람은 부친 다윗과 친밀한 관계를 유지하던 사람이었습니다. 5장 1절을 보십시오.

"솔로몬이 기름 부음을 받고 그의 아버지를 이어 왕이 되었다 함을 두로 왕 히람이 듣고 그의 신하들을 솔로몬에게 보냈으니 이는 히람이 평생에 다윗을 사랑하였음이라"

이제 솔로몬은 히람에게 성전 건축의 동역자가 되어 줄 것을 요청합니다.

"당신은 명령을 내려 나를 위하여 레바논에서 백향목을 베어내게 하소서 내 종과 당신의 종이 함께 할 것이요 또 내가 당신의 모든 말씀대로 당신의 종의 삯을 당신에게 드리리이다 당신도 알거니와 우리 중에는 시돈 사람처럼 벌목을 잘하는 자가 없나이다"(왕상 5:6)

히람은 솔로몬의 요청에 기쁨으로 응답합니다. "히람이 솔로몬의 말을 듣고 크게 기뻐하여 이르되 오늘 여호와를 찬양할지로다 그가 다윗에게 지혜로운 아들을 주사 그 많은 백성을 다스리게 하셨도다 하고"(왕상 5:7)

히람은 백향목을 제공할 뿐 아니라 잣나무도 주고 뗏목을 이용하여 솔로몬이 원하는 장소까지 목재를 운반하겠다고 자원합니다. 그렇게 하여 솔로몬과 히람은 성전 건축에 함께 하기로 조약을 맺습니다. 성경은 이런 성전 건축의 준비 자체도 하나님의 지혜로 말미암은 것이라고 기록합니다.

"여호와께서 그의 말씀대로 솔로몬에게 지혜를 주신 고로 히람과 솔로몬이 친목하여 두 사람이 함께 약조를 맺었더라"(왕상 5:12)

열왕기상 6장 37-38절에 보면 "넷째 해 시브월(약력으로 4월 중순이후)에 여호와의 성전 기초를 쌓았고 열한째 해 불월(Bul, 약력으로 10월 중순이후) 곧 여덟째 달에 그 설계와 식양대로 성전 건축이 다 끝났으니 솔로몬이 칠 년 동안 성전을 건축하였더라"고 합니다. 7년여에 걸친 대공사가 완성된 것입니다. 우리는 이제 세밀한 성전 안팎의 구조를 통하여 이 성전이 시사하는 하나님의 존재 양식을 배울 수 있습니다. 여호와의 성전이 증거하는 하나님의 하나님 되심은 어떤 것입니까? 특히 이 솔로몬 성전이 상징하는 하나님은 어떤 분이십니까?

1. 하나님은 아름다우십니다

솔로몬이 성전 건축하기를 마치고 백향목 널판으로 성전의 안벽 곧 성전 마루에서 천장까지의 벽에 입히고 또 잣나무 널판으로 성전 마루를 놓고 또 성전 뒤쪽에서부터 이십 규빗 되는 곳에 마루에서 천장까지 백향목 널판으로 가로막아 성전의 내소 곧 지성소를 만들었으며 내소 앞에 있는 외소 곧 성소의 길이가 사십 규빗이며 성전 안에 입힌 백향목에는 박과 핀 꽃을 아로새겼고 모두 백향목이라 돌이 보이지 아니하며(왕상 6:14-18)

여기 등장하는 백향목 나무와 잣나무는 아름답고 향이 있는 나무이고 추위를 잘 견디는 고급 재질의 나무입니다. 성전의 벽을 모두 백향목으로 했으니 얼마나 아름답고 그윽한 아로마가 있었을까요? 마룻바닥도 잣나무로 했으니 얼마나 촉감이 좋았을까요? 성전 내부의 백향목에는 다시 박과 핀 꽃으로 장식을 했다고 했습니다. 그리하여 성전 내부는 나무, 열매, 꽃으로 꾸며 있어서 실용성을 뛰어넘은 미학적인 채색으로 빛나고 있었습니다. 솔로몬은 단순한 건축가일 뿐 아니라 예술가였습니다. 그가 섬기는 하나님을 닮았던 것입니다.

하나님이 세상을 지으실 때 그는 기능적으로 편리한 세상만이 아닌 아름다운 세상을 만드셨습니다. 성전도 예외가 아니었습니다. 시편 96편 6절의 말씀을 보겠습니다.

"존귀와 위엄이 그의 앞에 있으며 능력과 아름다움이 그의 성소에 있도다"

뉴욕 주에서 태어나 자란 목사요, 시인이요, 음악가였던 몰트비 뱁콕 목사는 감수성이 뛰어난 사람이었습니다. 그가 그의 첫 목회지인 뉴욕 락포트에서 목회를 할 때에 멀지 않은 곳에 온타리오 호수가 있었습니다. 그가 자주 산책을 하러 나갈 때마다 그는 "산책갑니다."라는 말 대신에 "아버지의 아름다운 세상을 보러 갑니다."라고 말했다고 합니다. 온타리오라는 말의 뜻이 아름다운 호수(beautiful lake)라는 뜻입니다. 이 호숫가에서 탄생한 찬송시가 〈참 아름다워라〉(찬478)입니다.

참, 아름다워라, 주님의 세계는!
저 솔로몬의 옷보다 더 고운 백합화
주 찬송하는 듯 저 맑은 새소리
내 아버지의 지으신 그 솜씨 깊도다.
참, 아름다워라, 주님의 세계는!
저 아침 해와 저녁놀 밤하늘 빛난 별
망망한 바다와 늘 푸른 봉우리
다 주 하나님 영광을 잘 드러내도다.

다윗은 시편 27편 4절에서 "내가 여호와께 바라는 한 가지 일 그것을 구하리니 곧 내가 내 평생에 여호와의 집에 살면서 여호와의 아름다움을 바라보며 그의 성전에서 사모하는 그것이라"라고 고백했습니다. 이런 부친의 소원을 아들 솔로몬이 아름다운 성전을 지어 드림으로 이루었던 것입니다. 이런 성전의 아름다움은 궁극적으로 하나님 자신의 아름다움을 고백하는 믿음의 표현이었던 것입니다.

2. 하나님은 거룩하십니다

본문 6장 23절 이하는 성전 내의 지성소 설계를 보여줍니다. 본래 지성소는 6장 19절에 보면 "여호와의 언약궤를 두기 위하여 성전 안에 내소를 마련하였는데"라고 기록합니다. 이제 6장 27절을 보십시오.

> 솔로몬이 내소 가운데에 그룹을 두었으니 그룹들의 날개가 펴져 있는데 이쪽 그룹의 날개는 이쪽 벽에 닿았고 저쪽 그룹의 날개는 저쪽 벽에 닿았으며 두 날개는 성전의 중앙에서 서로 닿았더라

솔로몬이 성전 내소(지성소)의 수호자로 두 그룹 천사를 조형한 이유가 있습니다. 그룹들은 하나님의 거룩하심을 보여줍니다. 사실 어떤 피조물도 천사들보다 거룩하지는 못합니다. 그들은 하나님의 임재 앞에서 언제나 최상의 경건함으로 이사야 6장 3절의 노래를 바칩니다.

"서로 불러 이르되 거룩하다 거룩하다 거룩하다 만군의 여호와여 그의 영광이 온 땅에 충만하도다 하더라"

거룩한 피조물들은 자신을 예배하지 않습니다. 사람들이 천사를 예배하려고 할 때마다 "… 삼가 그리하지 말고 오직 하나님께 경배하라"(계 19:10b)라고 말합니다. 천사들도 거룩한 존재이지만 예배는 완전히 절대적

으로 거룩한 하나님께만 드려져야 하기 때문입니다.

시편 29편 1절에 보면 천사들을 권능 있는 존재라고 부릅니다. 그리고 이렇게 말합니다.

"너희 권능 있는 자들아 영광과 능력을 여호와께 돌리고 돌릴지어다 여호와께 그의 이름에 합당한 영광을 돌리며 거룩한 옷을 입고 여호와께 예배할지어다"(시 29:1-2)

우리가 예배 찬송으로 애송하는 찬송가 8장은 "거룩 거룩 거룩 전능하신 주님, 이른 아침 우리 주를 찬송합니다"로 시작합니다. 그런데 이 찬송가 8장의 제목 아래는 니케아(Nicaea)라는 단어가 쓰여 있습니다. 유명한 니케아 종교회의에서 우리가 믿는 하나님은 삼위일체 하나님이신 것을 확인하면서 이 찬송이 바로 성부, 성자, 성령 꼭 같이 거룩하신 삼위일체 하나님께 드려지는 찬송인 것을 확인한 것입니다. 우리는 튀르키예 성지 순례 중 방문한 니케아에서 이 찬송을 주께 드린 일이 있습니다. 하나님에게는 여러 가지 속성이 있지만 가장 중요한 속성이 거룩하심입니다.

거룩하다는 말의 본래의 뜻에는 '구별하다'(set apart)는 의미가 있습니다. 우리는 모든 속된 것에서 구별된 하나님을 예배하고 찬양하면서 또한 우리의 삶이 구별되기를 소원하는 것입니다. 우리의 몸도 우리의 달란트, 곧 재능도, 그리고 우리가 사용하는 돈도 구별하여 하나님의 목적을 위해 사용할 때 우리의 존재와 삶이 거룩해지는 것입니다. 하나님은 우리에게 "내가 거룩하니 너희도 거룩하라"고 명하시는 하나님이십니다. 이 말씀은 구약 레위기에서도 신약 베드로전서에서도 한결같이 그의 거룩하심을 선포하시며 우리가 거룩한 백성으로 살아갈 것을 명하십니다. 구약의 성전은 신약에서는 우리의 몸, 곧 성도의 몸이 성전이라고 가르치십니다. 그리고 너희의 몸을 거룩한 산제사로 드리라고 명하십니다. 오늘 솔로몬의 성전이 가르치는 궁극적 교훈은 하나님은 거룩하시다는 것입니다.

3. 하나님은 영화로우십니다

본문 열왕기상 6장이 증언하는 솔로몬 성전의 현저한 한 가지 특징은 황금으로 덮여있었다는 사실입니다.

> 그 내소의 안은 길이가 이십 규빗이요 너비가 이십 규빗이요 높이가 이십 규빗이라 정금으로 입혔고 백향목 제단에도 입혔더라 솔로몬이 정금으로 외소 안에 입히고 내소 앞에 금사슬로 건너지르고 내소를 금으로 입히고 온 성전을 금으로 입히기를 마치고 내소에 속한 제단의 전부를 금으로 입혔더라(6:20-22)

29절부터 36절까지 이 금의 장식은 지속적으로 증언됩니다. 30절에 "마루는 금으로 입혔으며", 35절에는 "그 문짝에 그룹들과 종려와 핀 꽃을 아로새기고 금으로 입히되"라고 묘사합니다. 하나님의 집 성전은 안과 밖이 모두 금으로 반짝이던 영화로운 곳이었습니다. 내소는 다 금으로 덮여있었습니다. 향을 피우는 제단은 물론 성소의 벽과 천장까지도 다 금으로 덮여있었습니다. 그것은 평범한 금이 아니라 완벽한 순금으로 덮여있었습니다. 최고의 영광을 받으시기에 합당한 성전이었습니다.

사실은 하나님에게는 금조차도 어울리지 않는 것이지만 그래도 금은 인간에게 최고의 가치를 상징하는 것이었기 때문입니다. 그렇습니다. 솔로몬 성전에서 예배를 받으시는 하나님은 최고 최상의 가치를 지니신 분이었습니다. 요한계시록 4장 10절 이하에 보면 성경은 천상의 예배를 보여주면서 이십사 장로들이 보좌에 앉으신 창조주 하나님을 예배함을 증언합니다. 요한계시록 4장 11절의 예배의 고백을 들어보십시오.

"우리 주 하나님이여 영광과 존귀와 권능을 받으시는 것이 합당하오니 주께서 만물을 지으신지라 만물이 주의 뜻대로 있었고 또 지으심을 받았나이다 하더라"

요한계시록 5장에서는 이제 어린양 되신 성자 하나님 앞에 엎드려 경배합니다. 요한계시록 5장 8절에 "네 생물과 이십사 장로들이 그 어린양 앞에 엎드려" 새 노래를 바치고 있습니다. 무엇이라 고백합니까? 요한계시록 5장 12절을 보십시오.

"큰 음성으로 이르되 죽임을 당하신 어린 양은 능력과 부와 지혜와 힘과 존귀와 영광과 찬송을 받으시기에 합당하도다 하더라"

여기 '합당하다'라는 단어가 영어로는 worthy(worth/가치)에서 나온 말입니다. 예배(worship)가 바로 이 단어에서 나온 말입니다. 예배는 하나님의 가치를 아는 사람들이 드리는 최고, 최상의 헌신 행위인 것입니다.

그리고 이 예배의 대상이신 창조주 하나님과 어린 양 예수 그리스도는 최고, 최상의 가치를 지니신 영화로운 분이십니다. 성부와 성자와 성령 하나님은 너무나 고귀하고 거룩하고 영광스러운 분이어서 구약에서는 그분에게 사람들이 나아오는 것이 제한되고 있었습니다. 제사장들만 성전에 들어가는 것이 허락되었고 제사장들도 직무를 수행할 때만 들어갈 수 있었습니다. 하나님의 영광스런 임재가 있는 지성소는 훨씬 더 엄격하게 제한되어 있었습니다. 오직 대제사장 한 분만이 일 년에 한 번씩 지성소에 피의 제물을 가지고 들어갈 수 있었습니다. 그런데 신약 히브리서 10장 19-20절은 다음과 같이 복음을 전합니다.

"그러므로 형제들아 우리가 예수의 피를 힘입어 성소에 들어갈 담력을 얻었나니 그 길은 우리를 위하여 휘장 가운데로 열어 놓으신 새로운 살 길이요 휘장은 곧 그의 육체니라"

할렐루야! 중보자 예수님을 통하여 우리는 이 아름답고 거룩하고 영광스러운 하나님을 언제나 예배하고 만날 수 있는 특권을 누리게 된 것입니다. 감사하십시오. 찬양하십시오. 그리고 예배자로 평생을 사십시오.

솔로몬의 왕궁 건축

열왕기상 7장 1-8절

¹솔로몬이 자기의 왕궁을 십삼 년 동안 건축하여 그 전부를 준공하니라 ²그가 레바논 나무로 왕궁을 지었으니 길이가 백 규빗이요 너비가 오십 규빗이요 높이가 삼십 규빗이라 백향목 기둥이 네 줄이요 기둥 위에 백향목 들보가 있으며 ³기둥 위에 있는 들보 사십오 개를 백향목으로 덮었는데 들보는 한 줄에 열다섯이요 ⁴또 창틀이 세 줄로 있는데 창과 창이 세 층으로 서로 마주 대하였고 ⁵모든 문과 문설주를 다 큰 나무로 네 모지게 만들었는데 창과 창이 세 층으로 서로 마주 대하였으며 ⁶또 기둥을 세워 주랑을 지었으니 길이가 오십 규빗이요 너비가 삼십 규빗이며 또 기둥 앞에 한 주랑이 있고 또 그 앞에 기둥과 섬돌이 있으며 ⁷또 심판하기 위하여 보좌의 주랑 곧 재판하는 주랑을 짓고 온 마루를 백향목으로 덮었고 ⁸솔로몬이 거처할 왕궁은 그 주랑 뒤 다른 뜰에 있으니 그 양식이 동일하며 솔로몬이 또 그가 장가 든 바로의 딸을 위하여 집을 지었는데 이 주랑과 같더라

인간 생존의 3대 조건을 말할 때 우리는 '의식주'라고 말합니다. 먹을 것, 입을 것, 그리고 살 곳, 곧 주택이 필요하다는 것입니다. 솔로몬이 왕위에 등극하고 제일 먼저 관심을 가진 것은 성전이었습니다. 그는 성전 건축을 위한 준비를 하면서 때를 기다렸다가 드디어 7년에 걸친 대공사를 통해 성전을 완공합니다. 그리고 이어서 착수한 공사가 자기가 살 곳, 곧 왕궁 건축이었습니다. 열왕기상 7장 1절은 이렇게 시작합니다.

　솔로몬이 자기의 왕궁을 십삼 년 동안 건축하여 그 전부를 준공하니라

　그래서 솔로몬은 두 개의 집, 곧 하나님의 집과 자신의 집을 짓게 됩니다. 그러나 왕궁이라고 하지만 솔로몬 왕이 혼자 사용할 집은 아니었습니다. 열왕기상 7장의 서두를 읽어 내려가면 우리는 솔로몬 왕궁에 다시 다섯 개의 중요한 건물들이 있었던 것을 알 수 있습니다. 1)레바논 백향목 나무 왕궁(2-5절), 2)기둥 주랑(6절), 3)재판하는 주랑, 곧 왕의 법정(7절), 그리고 4)솔로몬 왕 자신이 거처할 궁전과 5)이집트인 아내를 위한 궁전(8절)이 포함되었습니다.

　솔로몬 왕궁은 여러 가지 면에서 그가 먼저 지은 성전을 닮은 왕궁이

었습니다. 우선 사용된 주자재가 돌과 백향목이었습니다. 그리고 디자인도 성전을 닮게 설계되었습니다. 솔로몬 궁의 안뜰은 성전의 안뜰과 유사했습니다. 아마도 하나님의 성전의 안뜰 다자인이 너무 좋아 그대로 따라 하기로 한듯합니다. 왕 중의 왕 되신 하나님의 뜰을 만들면서 하나님의 아들 된 자신의 거처도 비슷하게 만드는 것이 당연하다고 생각했을지 모릅니다. 무엇보다 그가 사용할 가장 중요한 건물은 재판하는 곳, 법정이었습니다. 왕의 마지막 재판이니까 대법원이라고도 할 수 있었을 것입니다. 시편 72편 1-2절은 왕의 기도를 우리에게 소개합니다. 이 시편 앞에는 〈솔로몬의 시〉라고 적혀 있습니다.

"하나님이여 주의 판단력을 왕에게 주시고 주의 공의를 왕의 아들에게 주소서 그가 주의 백성을 공의로 재판하며 주의 가난한 자를 정의로 재판하리니"

이런 왕의 기도는 문자 그대로 이 법정에서 응답 되었습니다. 유명한 두 창기 여인들의 죽은 아들과 산아들의 재판 사건도 여기에서 판결되었던 것입니다.

이런 솔로몬의 법정은 장차 만왕의 왕으로 이 땅에 오셔서 공의로 우리 인류를 심판하실 사건의 모형이라고도 할 수 있을 것입니다. 그리고 이 법정은 우리 모두에게 우리의 변호사요 구원자인 예수 그리스도를 우리의 왕으로 필요로 한다는 것을 보여주고 있습니다. 그리고 솔로몬은 왕의 미션을 부여받은 자로서 당연히 필요한 주거를 허락받아 건축하게 된 것입니다. 열왕기상의 기자가 묘사하는 왕궁은 또한 하나님의 백성들이 주거를 이 땅에서 준비할 때에 중요한 교훈을 우리에게 가르칩니다. 우리는 주거를 어떻게 준비해야 할까요?

1. 우선순위의 균형을 유지해야 합니다

여기서 말하는 우선순위는 하나님의 집과 내가 살 내 집 사이에서 하나님의 집을 먼저 생각하는 우선순위의 중요성입니다. 열왕기상의 기자는 열왕기상 5장과 6장에서 솔로몬의 성전 건축을 소개한 다음 7장에 와서 솔로몬의 왕궁 건축을 소개합니다. 솔로몬은 과연 성전을 먼저 지어 하나님에게 드림으로 하나님의 집의 중요성을 인정하고 고백한 것입니다. 그런데 '왜, 성전은 7년에 짓고 왕궁은 13년이나 소요되었을까?'라는 물음이 생깁니다. 어떤 학자들은 자신이 거처할 왕궁을 짓는데 13년이나 걸린 사실에 대해서 솔로몬의 우선순위가 자기 집에 더 있지 않았는가라는 질문을 제기하기도 합니다. 그러나 대부분의 학자들은 먼저 성전을 짓고 자기의 집은 시간이 더 걸려 천천히 진행해도 괜찮은 덜 중요한 과제로 생각했을 가능성이 더 컸으리라고 봅니다. 그리고 실제로 왕궁에는 법정 등 여러 다른 건물들이 포함되어 더 많은 시간이 필요했던 것으로 보입니다. 열왕기상의 기자는 사실 이렇게 더 많은 시간을 들여 그가 왕궁을 건설한 것을 비판하지 않습니다.

그런데 이 왕궁을 지으며 제일 먼저 백향목 나무 왕궁을 지었음을 증거 합니다. 이곳이 가솔들과 신하들을 만나는 제일 큰 어전이었고 여기서 모든 국사가 결정되었을 것이고 그 곁방에는 무기 방과 보물창고들이 있었을 것입니다. 열왕기상 10장 16-17절을 먼저 읽겠습니다.

"솔로몬 왕이 쳐서 늘인 금으로 큰 방패 이백 개를 만들었으니 매 방패에 든 금이 육백 세겔이며 또 쳐서 늘인 금으로 작은 방패 삼백 개를 만들었으니 매 방패에 든 금이 삼 마네라 왕이 이것들을 레바논 나무 궁에 두었더라"

다음 18절에는 이 방에 왕의 보좌가 있었음을 보여줍니다.

"왕이 또 상아로 큰 보좌를 만들고 정금으로 입혔으니"

솔로몬 왕의 모든 통치 행위는 성전에서 가까운 이 레바논 나무 궁에서 이루어지고 있었던 것입니다. 그의 살림집과 성전이 멀지 않았습니다. 성전의 향기와 기도가 매일의 정사에도 적용되고 있었습니다. 이것은 마치 초대 교회가 집에 존재한 것과 크게 다르지 않습니다.

네 집에 있는 교회에 편지하노니(몬 1:2)

날마다 집에서 이루어지는 결정이 영적 예배와 분리되지 않은 것입니다. 영적 원리가 매일의 삶에도 적용되고 있었던 것입니다.

그리고 그들은 시시때때로 성전에 나아가 공동체의 예배로 하나님을 찬양하고 말씀을 받고 있었던 것입니다. 이것은 다시 초대 교회 성도들의 삶의 양식과 크게 다르지 않은 모습입니다. 사도행전 2장 46-47절을 보십시오.

"날마다 마음을 같이하여 성전에 모이기를 힘쓰고 집에서 떡을 떼며 기쁨과 순전한 마음으로 음식을 먹고 하나님을 찬미하며 또 온 백성에게 칭송을 받으니 주께서 구원 받는 사람을 날마다 더하게 하시니라"

이것이 성전과 집이 분리되지 않고 모든 삶의 마당에서 하나님을 기쁘시게 하는 모습이 아니겠습니까! 오늘의 성도들이 집을 이사할 때 집에서 교회에 나아가 하나님을 예배하는 일에 얼마큼 영향을 끼칠 것인가를 기도하며 집을 정하고 있는 성도들은 얼마나 될까요?

2. 자연의 집을
더 감사할 줄 알아야 합니다

우리는 이미 솔로몬 성전의 사방 벽에 종려와 핀 꽃들을 새기고 감람나무로 만든 두 문짝에도 종려와 핀 꽃들을 아로 새긴 것을 묵상했습니다(왕상 6:29, 32). 그런데 이런 성전에 자연을 가져오는 모습을 우리는 다시 열왕기상 7장 18-19절에서도 볼 수 있습니다.

> 기둥을 이렇게 만들었고 또 두 줄 석류를 한 그물 위에 둘러 만들어서 기둥 꼭대기에 있는 머리에 두르게 하였고 다른 기둥 머리에도 그렇게 하였으며 주랑 기둥 꼭대기에 있는 머리의 네 규빗은 백합화 모양으로 만들었으며

여기서는 기둥 장식을 석류와 백합화 꽃으로 한 것을 볼 수 있습니다. 집안에서도 하나님의 자연인 나무와 꽃들을 보게 하신 것입니다. 성도 여러분, 자연은 주의 백성들을 위해 선물로 준비된 또 하나의 하나님의 집인 것을 아십니까?

시편 19편을 연구한 일이 있으십니까? 시편 19편은 1-6절까지 자연을 예찬하고 이어서 7-14절 까지는 말씀을 예찬합니다. 하늘과 궁창, 해와 달 이런 자연들이 하나님의 선물인 것처럼 하나님의 율법인 말씀도 하나님의 선물이라는 것입니다. 신학에서는 자연을 일반계시 혹은 일반 은총이라고 하고, 말씀을 특별계시 혹은 특별 은총이라고 부릅니다. 하나님의 계시를 따라 우리가 손으로 지은 성전이 특별한 하나님의 집이라면 자연은 있는 그대로 우리에게 허락된 우리의 집인 것입니다. 산상수

훈 마태복음 6장 28-29절의 예수님 말씀을 기억하십니까?

"또 너희가 어찌 의복을 위하여 염려하느냐 들의 백합화가 어떻게 자라는가 생각하여 보라 수고도 아니하고 길쌈도 아니하느니라 그러나 내가 너희에게 말하노니 솔로몬의 모든 영광으로도 입은 것이 이 꽃 하나만 같지 못하였느니라"

창조주 하나님은 우리가 주거 못지않은 또 하나의 위대한 자연의 집을 우리에게 주신 것을 우리는 잊지 말고 살아가야 합니다.

우리 한국 조상들은 예로부터 집을 지을 때 주변의 자연을 이용하여 우리의 정원처럼 즐기도록 설계했습니다. 대체로 일본의 정원을 말할 때 '비경'이라고 합니다. 집안 구석에 비밀의 정원을 작고 예쁘게 만들어 즐겼습니다. 중국의 정원을 말할 때 '압경'이라고 합니다. 높은 곳에서 위압감 있게 내려다보는 정원을 만들어 즐겼습니다. 그러나 한국의 정원은 '차경'이라고 말합니다. 빌려올 '차'(借)자로 주변의 자연을 내 정원처럼 내다보고 즐길 수 있게 한 것입니다. 우리가 가평의 필그림 하우스를 지을 때 사방에 막힘이 없도록 열린 창으로 자연을 그대로 접하도록 설계하였습니다. 필그림 하우스는 주변의 세 개의 산, 명지산, 연인산, 수덕산에 파묻혀 있어 어디서라도 자연을 느낄 수 있습니다. 그래서 가평 필그림 하우스에 가시면 여러분은 세 개의 산, 명지산과 연인산과 수덕산을 동시에 나의 집으로 누리고 즐길 수 있습니다. 한문에 '우주'는 집 '우'(宇)와 하늘 '주'(宙)의 합성어로 우주는 우리의 하늘 집인 것입니다. 우리는 모두 태어날 때부터 나의 집과 하늘이 준 자연의 집을 선물 받고 태어납니다. 감사하고 찬양할 일이 아닙니까?

3. 하나님이 예비하신
영원의 집을 바라보고 살아야 합니다

그런데 우리가 예수를 구주와 주님으로 마음에 영접하고 믿는 순간 하나님은 우리를 위해 또 하나의 집을 선물로 준비하십니다. 요한복음 14장 2-3절에서 예수께서 제자들에게 약속하신 말씀을 기억하십니까?

내 아버지 집에 거할 곳이 많도다 그렇지 않으면 너희에게 일렀으리라 내가 너희를 위하여 거처를 예비하러 가노니 가서 너희를 위하여 거처를 예비하면 내가 다시 와서 너희를 내게로 영접하여 나 있는 곳에 너희도 있게 하리라

여기서 예수님은 천국을 영원한 거처(place)로 묘사하신 것입니다. 예수님의 신실한 제자 바울 사도는 이 세상에서 우리가 붙들고 사는 육체의 장막집이 무너질 때가 온다고 말합니다. 그런데 성도의 소망이 무엇입니까? 고린도후서 5장 1절을 보겠습니다.

"만일 땅에 있는 우리의 장막 집이 무너지면 하나님께서 지으신 집 곧 손으로 지은 것이 아니요 하늘에 있는 영원한 집이 우리에게 있는 줄 아느니라"

여러분은 아십니까? 그런 하늘의 영원한 집을 준비하셨나요? 솔로몬의 찬란한 왕궁도 결국은 무너졌습니다. 그래서 솔로몬은 전도서 3장 1-2절에서 이런 말을 남겼습니다.

"범사에 기한이 있고 천하 만사가 다 때가 있나니 날 때가 있고 죽을 때가 있으며 심을 때가 있고 심은 것을 뽑을 때가 있으며"

그는 전도서 12장 7절에서 이런 인생의 궁극적 결론을 말합니다.

"흙은 여전히 땅으로 돌아가고 영은 그것을 주신 하나님께로 돌아가기 전에 기억하라"

예수님은 우리가 하나님에게로 돌아가는 길을 보여주러 오셨다고 말씀하십니다.

"예수께서 이르시되 내가 곧 길이요 진리요 생명이니 나로 말미암지 않고는 아버지께로 올 자가 없느니라"(요 14:6)

유명한 우리 시대의 강해 설교자 마틴 로이드 존스는 병석에서 자신의 딸에게 이런 부탁을 했다고 합니다.

"나의 몸이 회복되도록 기도하지 말아라. 내가 영광의 길로 나아가는 것을 막지 말아다오."

딸은 이렇게 회고합니다.

"아버지는 요한복음 14장의 영원한 처소에 대한 진리에 굳게 붙들려 있었다. 그는 자신이 오랫동안 섬겨왔던 주님이 영광의 거처를 예비해 놓으신 것을 확신하고 있었다."

위대한 설교의 왕자라고 불리던 찰스 스펄전도 요한복음 14장 1-2절을 강해하며 이렇게 말합니다.

"그 은총의 나라는 우리가 최후에 우리의 육신을 가지고 머물 처소입니다. 예수님도 그곳에 영으로만 가시지 않고 상처 난 자국 그대로의 육신을 지닌 채 부활하신 것을 기억할 때 난 너무나 기쁩니다. 이제 주님이 그곳으로 떠나신 것처럼 우리도 그리스도께서 거하시는 그곳으로 가야 합니다. 우리도 육신을 가지고 남은 길에 주를 따라야 합니다."

그렇습니다. 우리가 부활의 몸을 가지고 영원히 머물 그 영광의 나라에 대한 소망을 갖고 계십니까? 그 영원한 집이 예비 된 것을 확신하고 오늘 하루하루를 살고 계십니까? 솔로몬의 찬란한 왕궁보다 더 좋은 집, 그 본향 집에 대해 소망을 갖고 계십니까? 찬송가 239장(저 뵈는 본향 집, P. Cary)의 찬미를 기억하시나요?

저 뵈는 본향 집 날마다 가까워
내 갈길 멀지 않으니 전보다 가깝다.
내 주의 집에는 거할 곳 많도다
그 보좌 있는 곳으로 가까이 갑니다.
내 생명 끝날에 십자가 벗고서
나 면류관을 쓸 때가 가깝게 되었네.
내 삶의 끝날을 분명히 모르니
내 주여 길 다 가도록 늘 함께하소서.
더 가깝고 더 가깝다 하룻길 되는
내 본향 가까운 곳일세.
이 본향 집의 소망을 갖고 오늘을 사는 우리가 됩시다!

솔로몬의 성전과 언약궤

열왕기상 8장 1-11절

¹이에 솔로몬이 여호와의 언약궤를 다윗 성 곧 시온에서 메어 올리고자 하여 이스라엘 장로와 모든 지파의 우두머리 곧 이스라엘 자손의 족장들을 예루살렘에 있는 자기에게로 소집하니 ²이스라엘 모든 사람이 다 에다님월 곧 일곱째 달 절기에 솔로몬 왕에게 모이고 ³이스라엘 장로들이 다 이르매 제사장들이 궤를 메니라 ⁴여호와의 궤와 회막과 성막 안의 모든 거룩한 기구들을 메고 올라가되 제사장과 레위 사람이 그것들을 메고 올라가매 ⁵솔로몬 왕과 그 앞에 모인 이스라엘 회중이 그와 함께 그 궤 앞에 있어 양과 소로 제사를 지냈으니 그 수가 많아 기록할 수도 없고 셀 수도 없었더라 ⁶제사장들이 여호와의 언약궤를 그 처소로 메어 들였으니 곧 성전의 내소인 지성소 그룹들의 날개 아래라 ⁷그룹들이 그 궤 처소 위에서 날개를 펴서 궤와 그 채를 덮었는데 ⁸채가 길므로 채 끝이 내소 앞 성소에서 보이나 밖에서는 보이지 아니하며 그 채는 오늘까지 그 곳에 있으며 ⁹그 궤 안에는 두 돌판 외에 아무것도 없으니 이것은 이스라엘 자손이 애굽 땅에서 나온 후 여호와께서 저희와 언약을 맺으실 때에 모세가 호렙에서 그 안에 넣은 것이더라 ¹⁰제사장이 성소에서 나올 때에 구름이 여호와의 성전에 가득하매 ¹¹제사장이 그 구름으로 말미암아 능히 서서 섬기지 못하였으니 이는 여호와의 영광이 여호와의 성전에 가득함이었더라

오늘의 본문은 솔로몬 왕이 성전 건축을 완료한 후 언약궤를 성전 안 지성소로 모셔오는 장면을 보여주고 있습니다. 본문 1절을 보겠습니다.

"이에 솔로몬이 여호와의 언약궤를 다윗 성 곧 시온에서 메어 올리고자 하여 이스라엘 장로와 모든 지파의 우두머리 곧 이스라엘 자손의 족장들을 예루살렘에 있는 자기에게로 소집하니"

이제 바야흐로 성전 건축의 의미를 완성하기 위한 가장 중요한 과제를 수행하기 위해서 솔로몬 왕은 모든 리더를 소집한 것입니다. 본문 6절을 보시기 바랍니다.

"제사장들이 여호와의 언약궤를 그 처소로 메어 들였으니 곧 성전의 내소인 지성소 그룹들의 날개 아래라"

왜 언약궤를 메어 들이는 것이 그렇게 중요했습니까? 언약궤는 언제나 '하나님의 임재'의 상징이었기 때문입니다. 하나님의 임재가 없는 성전은 아무리 아름답게 지어도 그것은 건물에 불과하기 때문입니다. 제사장들이 언약궤를 지성소 안에 안치하는 숙제를 마치고 성전에서 나올 때의 광경을 10-11절이 어떻게 증언합니까?

제사장이 성소에서 나올 때에 구름이 여호와의 성전에 가득하매 제사장

이 그 구름으로 말미암아 능히 서서 섬기지 못하였으니 이는 여호와의 영광이 여호와의 성전에 가득함이었더라

제사장들이 언약궤를 지성소에 안치하고 성전에서 나오자마자 성경은 구름이 성전에 가득했다고 말합니다. 이 구름 또한 하나님의 임재를 상징하는 또 하나의 가시적 징표였습니다. 이제 하나님의 백성들은 언제라도 성전에 나아와 거기 계시는 하나님의 임재를 경험하며 예배하고 또 하나님의 인도를 받을 수 있었던 것입니다.

예루살렘 성전에 언약궤가 안치됨으로 이스라엘 백성은 고정적인 예배의 처소를 갖고 하나님의 임재를 경험하게 된 것입니다. 그러면 그 이전에 이스라엘은 어떻게 하나님의 임재를 경험했을까요? 이스라엘 백성들이 광야를 행진할 때에도 하나님의 임재와 인도는 여전히 필요했고 그래서 성전건축 전 임시로 사용된 회막에는 이동용 언약궤가 사용된 것입니다. 본래 언약궤는 모세 시대에 예술가인 브살렐이 만들었다고 기록되어 있습니다. 작은 상자이지만 이 상자를 가지고 다니며 이스라엘은 40년 광야를 행진한 것입니다. 마침내 언약궤를 앞세우고 요단강을 건너 약속의 땅에 들어오자 이스라엘 백성은 실로에 성막을 세우고 거기에 언약궤를 두었습니다. 그 후 다윗 왕이 이 언약궤를 예루살렘으로 옮겨오는 과정에서 소가 휘청거리자 웃사가 어깨로 메어야 할 언약궤를 손으로 만지다가 죽는 사고가 일어납니다. 하나님의 언약궤는 축복이지만 잘못 인간적인 수단으로 접근하면 죽을 수 있다는 경고를 남긴 것입니다. 그 후 예루살렘 가까운 오벧에돔의 집에 머물게 됩니다. 오벧에돔의 집은 이 언약궤로 인하여 복을 받습니다. 그리고 솔로몬 성전이 지어질 무

렵 이 언약궤는 성전 산이 아닌 시온 산(다윗 성)에 머물고 있었던 것을 이제 성전 안으로 모셔 들이게 된 것입니다.

이런 언약궤의 역사는 우리 모두에게 우리가 사는 모든 일상 삶의 광야에서 우리의 가정에서도 우리의 일터에서도 하나님의 임재를 필요로 한다는 것을 보여줍니다. 하나님은 자비하셔서 당신의 임재를 언제 어디서나 우리가 경험하도록 이동식 언약궤를 통해서도 은혜를 베푸신 것입니다. 찬송가 438장 〈내 영혼이 은총 입어〉의 가사처럼 우리가 광야 한 복판에 있을 지라도 하나님의 임재를 경험하고 살아간다면 '높은 산이 거친 들이 초막이나 궁궐이나 내 주 예수 모신 곳이 그 어디나 하늘나라'가 될 것입니다. 우리가 하나님의 존재를 말할 때 신학적으로 무소부재하시다고 말합니다. 어디나 계시다는 것입니다. 그럼에도 불구하고 하나님의 백성들인 우리에게는 고정적인 장소에서 공동체로 모여 정기적으로 하나님을 예배함이 여전히 필요한 존재들입니다. 그것이 예배의 처소로 빌딩 곧 성전이 필요한 이유이고 그것이 바로 다윗이 성전을 건축하고자 한 이유이고 다윗의 아들 솔로몬이 성전을 짓고 언약궤를 모셔온 이유인 것입니다.

이 진리를 우리 지구촌교회에 적용해 보자면 느헤미야 건축보다 더 중요한 것은 예배의 회복입니다. 주일과 주간 정기적인 예배마다 우리가 하나님의 임재를 경험하고 하나님의 인도를 받을 수만 있다면 우리의 미래는 축복의 내일이 되지 않겠습니까? 본문 9절은 언약궤 안에는 언약의 두 돌판만 있었다고 말합니다(만나와 싹 난 지팡이는 분실). 우리는 지금 담임목사 부재라는 위기의 시간을 지나고 있습니다만 우리가 주일마다 공 예배를 통해 하나님의 영광스런 임재를 경험하고 그분의 말씀만 받을 수만 있다면 우리는 하나님께서 그리고 하나님의 아들이신 주 예수님이 친히 문자 그대로 지구촌교회의 담임이 되어 우리를 인도하시는 아주 특별한 경험을 하게 될 것입니다. 종교개혁 시대에 한 가톨릭 신학자가 개혁자들에게 "교황을 아버지로 모시지 못하는 자들이 어떻게 하늘 아버지의 축복을 받을 수 있겠는가?"라는 질문을 했을 때 개혁자들은 "하나님은 직접적으로 우리의 아버지가 될 수 없다는 말인가?"라고 반문을 했습니다. 그리고 루터의 친구였던 필립 멜란히톤은 우리의 보혜사 성령님은 날마다 하나님이 우리의 아버지이심을 일깨운다고 말했습니다. 저는 이 특별한 시기에 지구촌 공동체 모든 가족들이 하나님께서 아버지가 되시어 우리를 직접 인도하시는 그분의 임재와 인도를 경험하게 되시기를 기도합니다.

우리는 8.15 광복절을 맞이하여 기념 예배를 드리고 있습니다. 우리는 예배의 시작에 애국가를 불렀습니다. 어떤 분들은 예배시간에 애국가를 부르는 것이 합당한가를 질문하기도 합니다. 그런데 제가 전에도 소개한 바가 있습니다만 본래 한국 초대 교회 〈찬미가〉의 14장에 애국가가 실려 있었습니다. 작사자도 작곡자도 모두 그리스도인이었습니다. 애국가에는 우리의 간절한 기도가 포함되어 있습니다. "하나님이 보우하사"입니다. 그것은 하나님의 임재를 구하는 민족의 기도입니다. 저는 이 기도가 식민지 시대를 인내하고 극복하게 도왔고, 민족을 해방할 수 있게 했고, 다시 전쟁의 위기를 극복하게 했으며, 마침내 민주화와 산업화의 기적을 만들고 선진국으로의 도약을 가능하게 한 것이라 믿습니다. 이 순간까지 오늘로 폐막하는 파리 올림픽에서 한국의 젊은이들이 메달을 딸 때마다 울려 퍼지는 애국가의 감동을 기억하십니까? '하나님이 보우하사!' 그 하나님의 임재와 보호가 우리와 함께 하는 한 무엇을 걱정할 필요가 있겠습니까? 그 하나님이 우리나라를 그리고 우리 교회를 보호하고 인도하실 것을 믿고 일어나 주께서 예비하신 경이로운 미래, 놀라운 축복의 미래로 나아갑시다!

09

솔로몬의 기도와 축복

열왕기상 8장 22-30,54-56절

²²솔로몬이 여호와의 제단 앞에서 이스라엘의 온 회중과 마주서서 하늘을 향하여 손을 펴고 ²³이르되 이스라엘의 하나님 여호와여 위로 하늘과 아래로 땅에 주와 같은 신이 없나이다 주께서는 온 마음으로 주의 앞에서 행하는 종들에게 언약을 지키시고 은혜를 베푸시나이다 ²⁴주께서 주의 종 내 아버지 다윗에게 하신 말씀을 지키사 주의 입으로 말씀하신 것을 손으로 이루심이 오늘과 같으니이다 ²⁵이스라엘의 하나님 여호와여 주께서 주의 종 내 아버지 다윗에게 말씀하시기를 네 자손이 자기 길을 삼가서 네가 내 앞에서 행한 것 같이 내 앞에서 행하기만 하면 네게서 나서 이스라엘의 왕위에 앉을 사람이 내 앞에서 끊어지지 아니하리라 하셨사오니 이제 다윗을 위하여 그 하신 말씀을 지키시옵소서 ²⁶그런즉 이스라엘의 하나님이여 원하건대 주는 주의 종 내 아버지 다윗에게 하신 말씀이 확실하게 하옵소서 ²⁷하나님이 참으로 땅에 거하시리이까 하늘과 하늘들의 하늘이라도 주를 용납하지 못하겠거든 하물며 내가 건축한 이 성전이오리이까 ²⁸그러나 내 하나님 여호와여 주의 종의 기도와 간구를 돌아보시며 이 종이 오늘 주 앞에서 부르짖음과 비는 기도를 들으시옵소서 ²⁹주께서 전에 말씀하시기를 내 이름이 거기 있으리라 하신 곳 이 성전을 향하여 주의 눈이 주야로 보시오며 주의 종이 이 곳을 향하여 비는 기도를 들으시옵소서 ³⁰주의 종과 주의 백성 이스라엘이 이 곳을 향하여 기도할 때에 주는 그 간구함을 들으시되 주께서 계신 곳 하늘에서 들으시고 들으시사 사하여 주옵소서 … ⁵⁴솔로몬이 무릎을 꿇고 손을 펴서 하늘을 향하여 이 기도와 간구로 여호와께 아뢰기를 마치고 여호와의 제단 앞에서 일어나 ⁵⁵서서 큰 소리로 이스라엘의 온 회중을 위하여 축복하며 이르되 ⁵⁶여호와를 찬송할지로다 그가 말씀하신 대로 그의 백성 이스라엘에게 태평을 주셨으니 그 종 모세를 통하여 무릇 말씀하신 그 모든 좋은 약속이 하나도 이루어지지 아니함이 없도다

우리는 그리스도인과 하나님의 백성으로 한평생 수많은 공적 예배와 사적 예배를 드리게 됩니다. 또한, 공적 예배에서의 공적 기도와 사적 예배에서의 사적 기도를 드리게 됩니다. 하나님은 어디에나 계시는 무소부재하신 분이시지만 때로 특별한 장소를 선택하시어 당신의 임재를 드러내십니다. 성전이 그런 곳이었습니다. 그래서 성전을 만민이 기도하는 집이라고 하십니다. 성전은 그런 공적 예배를 드리며 공적 기도를 드리는 곳이었습니다. 솔로몬이 성전을 완공한 후, 14일에 걸친 축하의 시간을 갖습니다. 마침 초막절과 겹치도록 일정을 잡고 성대하고 감동적인 헌당식 혹은 낙성식을 하게 된 것입니다.

"솔로몬 왕과 그 앞에 모인 이스라엘 회중이 그와 함께 그 궤 앞에 있어 양과 소로 제사를 지냈으니 그 수가 많아 기록할 수도 없고 셀 수도 없었더라"(왕상 8:5)

이 제사는 한마디로 감사의 제사였고 속죄의 제사였다고 할 수 있습니다. 주의 백성들은 감사하며 주 앞에서 속죄의 은혜를 구한 것입니다.

본문 8장 27절 말씀을 보겠습니다.

"하나님이 참으로 땅에 거하시리이까 하늘과 하늘들의 하늘이라도 주를 용납하지 못하겠거든 하물며 내가 건축한 이 성전이오리이까"

솔로몬은 하나님의 임재는 결코 이 성전 안에 제한될 수 없으시다는 것을 알았습니다. 그러나 주를 위하여 짓고 주께 봉헌된 성전이기에 여기서 드려지는 기도에 특별한 응답을 구한 것입니다.

> 그러나 내 하나님 여호와여 주의 종의 기도와 간구를 돌아보시며 이 종이 오늘 주 앞에서 부르짖음과 비는 기도를 들으시옵소서 주께서 전에 말씀하시기를 내 이름이 거기 있으리라 하신 곳 이 성전을 향하여 주의 눈이 주야로 보시오며 주의 종이 이곳을 향하여 비는 기도를 들으시옵소서
>
> (왕상 8:28-29)

그리고 이어서 솔로몬 왕은 일곱 가지 제목의 특별한 기도를 성전에서 드리게 됩니다(31-53절). 이 일곱 가지 제목의 기도야말로 오늘날의 공적 예배에서 우리가 드릴 공적 기도의 모범이 되기도 합니다. 이 일곱 가지 공적 기도 제목들은 무엇입니까?

1. 정의를 구하는 기도(31-32절)

> 만일 어떤 사람이 그 이웃에게 범죄함으로 맹세시킴을 받고 그가 와서 이 성전에 있는 주의 제단 앞에서 맹세하거든 주는 하늘에서 들으시고 행하시되 주의 종들을 심판하사 악한 자의 죄를 정하여 그 행위대로 그 머리에 돌리시고 의로운 자를 의롭다 하사 그의 의로운 바대로 갚으시옵소서
>
> (왕상 8:31-32)

한 사회, 한 국가가 제대로 법치를 따라 운영되려면 정의가 실현되어야 합니다. 법정은 그런 정의를 판단하고 실현하는 곳입니다. 한 사회, 한 국가의 법의 판단이 국민에게 불신이 된다면, 그 사회는 이미 가치의 기준을 상실한 혼돈의 땅이 될 것입니다. 솔로몬 왕은 일찍 왕위에 오르면서 주의 백성들을 바르게 재판하는 지혜를 구한 바가 있었습니다. 하나님은 이런 기도를 하는 왕이 주의 마음에 든다고 하셨습니다. 법정은 정의를 판단하는 곳이지만 성전은 이런 판단 이전에 재판관들이 바른 판단을 할 수 있도록 기도하는 곳이 되어야 합니다. 오늘 우리의 교회의 공적 기도에서 나라의 사법부 재판관을 위해 드려지는 이런 기도가 필요하지 않겠습니까? 우리는 종종 대통령을 위해서는 기도하지만, 법을 만드는 입법부인 국회와 사법부와 재판관들을 위해서는 기도하고 있을까요?

⟨ 2. 실패 이후 회복을 위한 기도(33-34절)

> 만일 주의 백성 이스라엘이 주께 범죄하여 적국 앞에 패하게 되므로 주께로 돌아와서 주의 이름을 인정하고 이 성전에서 주께 기도하며 간구하거든 주는 하늘에서 들으시고 주의 백성 이스라엘의 죄를 사하시고 그들의 조상들에게 주신 땅으로 돌아오게 하옵소서(왕상 8:33-34)

주의 백성들도 전쟁에 패배할 수 있다는 것입니다. 그들의 죄 때문입니다. 그래서 포로로 끌려가는 일이 일어날 수가 있다는 것입니다. 이것은 장차 이스라엘에 일어날 사건의 예언이기도 합니다. 우리가 하나님의 백성이라도 사업에 실패하고 창의적 인생 도전에 실패할 수가 있습니다. 그러나 그것을 끝이라고 생각하지 말라는 것입니다. 우리의 죄를 참

회하고 성전에서 기도하면 회복의 드라마가 일어날 수 있다는 것입니다. 6.25 전쟁이 가져온 참화의 잿더미에서 우리 한국 강토엔 회개의 기도가 가득했습니다. 산마다 기도원이 생기고 기도원 집회마다 만원사례였습니다. 이런 하나님의 백성들의 눈물의 기도는 이 땅에 새 역사를 만드는 재건의 기초가 되었습니다. 지금 우리가 다시 이런 기도가 필요한 때를 맞이하고 있는 것이 아닐까요?

3. 필요 공급을 위한 기도(35-36절)

만일 그들이 주께 범죄함으로 말미암아 하늘이 닫히고 비가 없어서 주께 벌을 받을 때에 이곳을 향하여 기도하며 주의 이름을 찬양하고 그들의 죄에서 떠나거든(왕상 8:35)

그리고 36절 하반부의 기도를 주목하십시오.

… 주의 백성에게 기업으로 주신 주의 땅에 비를 내리시옵소서(왕상 8:36b)

농사를 짓는 사람들에게 비는 있어도 되고 없어도 되는 것이 아니라, 반드시 필요한 필수 사항입니다. 그것은 일용할 양식 같은 것입니다. 지금 이 필요한 공급을 위해 성전에 나아와 기도하라는 것입니다. 주의 백성들의 일시적 범죄로 하늘의 창이 닫히고 비가 오지 않아 농사가 안되는 상황을 맞이했다 할지라도 다시 성전에 나아와 찬양하고 기도하고 회개하면 우리의 필요가 다시 공급되리라는 약속입니다. 하늘의 창을 닫기도 하고 열기도 하는 것이 바로 기도입니다. 야고보서 5장 18절의 말씀을 기억하십니까?

"다시 기도하니 하늘이 비를 주고 땅이 열매를 맺었느니라"

지금이야말로 우리 민족을 향한 민생의 필요가 공급되는 기적의 창이 열리도록 기도해야 할 때가 아닙니까?

4. 긴급 재난구조를 위한 기도(37-40절)

37절을 보겠습니다.

"만일 이 땅에 기근이나 전염병이 있거나 곡식이 시들거나 깜부기가 나거나 메뚜기나 황충이 나거나 적국이 와서 성읍을 에워싸거나 무슨 재앙이나 무슨 질병이 있든지 막론하고"

모든 긴급 재난의 상황들을 가정한 것입니다. 우리는 이미 지난 3-4년을 팬데믹 코로나라는 긴급 재앙의 상황을 겪어 보았습니다. 이제 조금 상황이 호전되자 우리는 다시 방심하고 영적 긴장의 띠를 풀고 있습니다. 그런데 최근 여러 세계뉴스들은 어쩌면 다시 그런 재난의 상황이 올지 모른다는 경고를 발하고 있지 않습니까? 이런 때에 우리가 할 일은 무엇이라고 본문은 가르치고 있습니까?

한 사람이나 혹 주의 온 백성 이스라엘이 다 각각 자기의 마음에 재앙을 깨닫고 이 성전을 향하여 손을 펴고 무슨 기도나 무슨 간구를 하거든(왕상 8:38)

무슨 말씀입니까? 할 수 있으면 주의 백성 온 공동체가 함께 모여 아니면 나 혼자라도 성전으로 달려가 손을 펴서 기도하고 간구하면 이런 다가오는 재난과 재앙에서 피할 길을 주시겠다는 약속이 아닙니까?

너희는 솔로몬에게 배우라

　여기 솔로몬 왕이 성전을 주께 드리면서 이스라엘 백성들을 위한 기도문이 주로 기록되고 있습니다만 일곱 가지 기도제목 가운데 이방인을 위한 기도가 실려 있다는 것은 놀라운 일입니다. 유대-기독교의 뿌리가 본래부터 전 세계적이고 기독교가 만민을 위한 선교적 종교였음을 보여주는 장면이기도 합니다.

　또 주의 백성 이스라엘에 속하지 아니한 자 곧 주의 이름을 위하여 먼 지방에서 온 이방인이라도 그들이 주의 크신 이름과 주의 능한 손과 주의 펴신 팔의 소문을 듣고 와서 이 성전을 향하여 기도하거든(왕상 8:41-42)

　사실 성전이 만민이 기도하는 집이라면 이방인도 이 성전에 와서 기도함이 마땅한 일일 것입니다. 비록 구약 성경이 이스라엘 백성들을 향한 하나님의 구원의 섭리를 기록하고 있음에도 여호수아서에 등장하는 이방 기생 라합의 이야기나, 모압 출신의 이방 여인 룻이 라합과 함께 메시아의 족보에 들어가는 모습에서 이미 우리는 하나님께서 만민의 구주되심을 엿볼 수 있습니다. 이사야 49장 6절의 약속의 말씀을 함께 기억하고 싶습니다.

　"내가 또 너를 이방의 빛으로 삼아 나의 구원을 베풀어서 땅 끝까지 이르게 하리라"

　그래서 성전에서는 끊임없이 구원받지 못한 이방인들의 구원을 위한 기도가 드려져야 마땅할 것입니다.

6. 전쟁에서의 승리를 위한 기도(44-45절)

누구도 전쟁을 원하는 사람은 없습니다. 평화는 인류의 오래된 갈망입니다. 그러나 인간의 탐욕으로 전쟁은 피할 수 없이 일어납니다. 야고보서 4장 1절의 말씀을 기억하십니까?

"너희 중에 싸움이 어디로부터 다툼이 어디로부터 나느냐 너희 지체 중에서 싸우는 정욕으로부터 나는 것이 아니냐"

이런 피할 수 없는 전쟁이 일어나거든 성전을 바라보고 기도하라고 본문은 가르칩니다.

> 주의 백성이 그들의 적국과 더불어 싸우고자 하여 주께서 보내신 길로 나갈 때에 그들이 주께서 택하신 성읍과 내가 주의 이름을 위하여 건축한 성전이 있는 쪽을 향하여 여호와께 기도하거든 주는 하늘에서 그들의 기도와 간구를 들으시고 그들의 일을 돌아보옵소서(왕상 8:44-45)

전쟁에서의 주의 도움을 그리고 주의 승리를 위해 기도하라는 말입니다. 기독교 신학자들은 오래전부터 전쟁에는 의로운 전쟁(Just war)과 불의한 전쟁(Unjust war)이 있다고 말해왔습니다. 하나님의 백성들이 의로운 전쟁 편에 있다면 당연히 승리를 위해 기도할 수 있습니다.

7. 총체적 기업회복을 위한 기도(46-53절)

46절부터 53절까지는 다시 주의 백성들의 범죄로 적국의 포로가 되고 기업을 상실하는 비극이 일어날 수 있음을 경고합니다. 실제로 후일 이스라엘 민족이 바벨론 포로가 되는 역사적 비극을 경험하게 됩니다. 그럴지라도 그것이 역사의 마지막은 아니라는 것입니다. 사로잡혀간 땅에서 성전을 바라보고 회개하고 기도한다면 회복의 드라마를 주시겠다는 약속의 말씀입니다. 이런 회복을 약속하시는 이유, 무엇 때문입니까?

> 주 여호와여 주께서 우리 조상을 애굽에서 인도하여 내실 때에 주의 종 모세를 통하여 말씀하심 같이 주께서 세상 만민 가운데에서 그들을 구별하여 주의 기업으로 삼으셨나이다(왕상 8:53)

주의 백성들은 바로 주의 가장 소중한 기업이었고 그들이 한때 범죄함으로 모든 특권을 상실했으나. 이제 총체적인 기업 회복을 언약하고 있는 것입니다. 기도를 통해서 기업의 회복이 일어난다는 것입니다. 주의 백성들은 결코 포기될 수 없는 주의 기업임을 확인하며 성전은 이런 기업 회복을 위한 기도의 중심지라는 것을 보여줍니다.

이런 일곱 가지 기도를 드린 후에 솔로몬 왕은 이제 8장 54-61절까지 축도로 기도를 마무리합니다. 54-56절 말씀을 보겠습니다.

> 솔로몬이 무릎을 꿇고 손을 펴서 하늘을 향하여 이 기도와 간구로 여호와께 아뢰기를 마치고 여호와의 제단 앞에서 일어나 서서 큰 소리로 이스라엘의 온 회중을 위하여 축복하며 이르되 여호와를 찬송할지로다 그가 말씀하신 대로 그의 백성 이스라엘에게 태평을 주셨으니 그 종 모세를 통하여 무릇 말씀하신 그 모든 좋은 약속이 하나도 이루어지지 아니함이 없도다

솔로몬 왕의 기도의 결론은 축복입니다. 지금도 오늘의 예배가 마지막 축도로 끝나는 것은 이런 모범에서 비롯된 것입니다. 무엇 때문에 예배합니까? 무엇 때문에 기도합니까? 축복하기 위해서입니다. 창세기 1장 28절에 보면 하나님이 첫 사람을 하나님의 형상을 따라 남자와 여자로 지으시고 제일 먼저 하신 일이 무엇입니까?

"하나님이 그들에게 복을 주시며 하나님이 그들에게 이르시되 생육하고 번성하여 땅에 충만하라"

그래서 창조의 하나님은 축복의 하나님이십니다. 이 축복의 관계 안에서 하나님은 인생들을 만나고 싶어 하십니다. 비록 인생의 연약함으로 범죄하고 축복을 잃을지라도 예배와 기도는 축복을 회복하는 시간입니다. 우리는 예배하고 기도하고 회개하며 다시 축복을 받고 예배의 자리를 떠나가야 하는 것입니다. 그래서 예배는 축도까지입니다.

여러분, 우리가 이 땅을 살아가며 누릴 수 있는 최고의 복이 무엇입니까? 여기 솔로몬이 축복하며 이르기를 하나님께서 그의 백성에게 태평을 주셨다고 했습니다(56절). 이 태평은 히브리어 '메누하'로, 시편 23편에 약속된 푸른 풀밭 그리고 안식할 만한(쉴만한) 물가로 인도받는 것입니다. 그리고 거기서 하나님의 충만한 임재를 다시 경험하는 것입니다. 그래서 솔로몬은 축도 중에 57절에서 이렇게 말합니다.

우리 하나님 여호와께서 우리 조상들과 함께 계시던 것 그곳 우리와 함께 계시옵고 우리를 떠나지 마시오며 버리지 마시옵고

그렇습니다. 다시 그분과 함께 하는 삶으로 나아가는 것, 그 최고의 축복을 비는 것입니다.

10

솔로몬과 스바의 여왕

열왕기상 10장 1-10절

¹스바의 여왕이 여호와의 이름으로 말미암은 솔로몬의 명성을 듣고 와서 어려운 문제로 그를 시험하고자 하여 ²예루살렘에 이르니 수행하는 자가 심히 많고 향품과 심히 많은 금과 보석을 낙타에 실었더라 그가 솔로몬에게 나아와 자기 마음에 있는 것을 다 말하매 ³솔로몬이 그가 묻는 말에 다 대답하였으니 왕이 알지 못하여 대답하지 못한 것이 하나도 없었더라 ⁴스바의 여왕이 솔로몬의 모든 지혜와 그 건축한 왕궁과 ⁵그 상의 식물과 그의 신하들의 좌석과 그의 시종들이 시립한 것과 그들의 관복과 술 관원들과 여호와의 성전에 올라가는 층계를 보고 크게 감동되어 ⁶왕께 말하되 내가 내 나라에서 당신의 행위와 당신의 지혜에 대하여 들은 소문이 사실이로다 ⁷내가 그 말들을 믿지 아니하였더니 이제 와서 친히 본즉 내게 말한 것은 절반도 못되니 당신의 지혜와 복이 내가 들은 소문보다 더하도다 ⁸복되도다 당신의 사람들이여 복되도다 당신의 이 신하들이여 항상 당신 앞에 서서 당신의 지혜를 들음이로다 ⁹당신의 하나님 여호와를 송축할지로다 여호와께서 당신을 기뻐하사 이스라엘 왕위에 올리셨고 여호와께서 영원히 이스라엘을 사랑하시므로 당신을 세워 왕으로 삼아 정의와 공의를 행하게 하셨도다 하고 ¹⁰이에 그가 금 일백이십 달란트와 심히 많은 향품과 보석을 왕에게 드렸으니 스바의 여왕이 솔로몬 왕에게 드린 것처럼 많은 향품이 다시 오지 아니하였더라

시편 72편에는 〈솔로몬의 시〉라는 제목이 붙어 있습니다. 솔로몬의 시이면서 솔로몬의 기도를 기록하고 있습니다. 1절에 "하나님이여 주의 판단력을 왕에게 주시고 주의 공의를 왕의 아들에게 주소서"라는 기도로 시작됩니다. 72편 10절을 보십시오.

"다시스와 섬의 왕들이 조공을 바치며 스바와 시바 왕들이 예물을 드리리로다"

그러니까 이 시편은 솔로몬 왕이 스바 여왕의 방문을 받고 조공을 받은 후에 기록된 시일 것입니다. 그러면서 다음 11절에 이렇게 고백합니다.

모든 왕이 그의 앞에 부복하며 모든 민족이 다 그를 섬기리로다

스바 여왕이 솔로몬을 방문한 것을 계기로 그녀가 하나님 앞에 부복하고 하나님을 섬기게 된 것을 증언하는 것입니다. 시편 72편 17절을 보십시오.

"그의 이름이 영구함이여 그의 이름이 해와 같이 장구하리로다 사람들이 그로 말미암아 복을 받으리니 모든 민족이 다 그를 복되다 하리로다"

그녀가 하나님을 믿고 하나님의 복을 누리게 된 사실을 증언하는 것입

니다. 그러므로 스바 여왕의 하나님 신앙은 모든 민족 모든 열방의 주께 돌아옴을 예표하는 사건이었습니다.

스바 왕국은 아라비아 남서편에 위치한 소왕국으로 고대 사베안 왕국, 지금의 예멘에 해당되는 지역입니다. 당시 스바는 아라비아 지역에서 가장 물이 풍부하고 땅이 비옥했으며 무역로에 위치하여 아라비아 사막을 통과하는 대상들을 상대로 장사를 하고 동 아프리카와 인도와의 해상 무역으로 큰 이익을 얻던 나라였습니다. 또한 낙타를 많이 사육하여 운반용으로 활용함으로 동방으로부터 황금, 장신구, 몰약과 향신료 등에 대한 대상 무역으로 부를 취득하여 소왕국이지만 부국으로 이름을 날리고 있던 나라였습니다. 이런 활발한 무역로에 위치한 나라의 지도자로 스바 여왕은 최근에 부상하고 있는 이스라엘 솔로몬 왕에 대한 명성을 듣게 된 것입니다. 그녀는 아랍 사람이었지만 이스라엘의 솔로몬의 지혜와 부요에 대한 소식을 듣고 여행을 결심한 것입니다. 당시로 단거리가 아닌 2,400km^(약 6,000리)를 여행하여 직접 솔로몬을 만나고자 낙타에 본국의 특산물들인 향료, 황금, 보석 등의 선물을 잔뜩 싣고 가서 솔로몬 왕을 만나고 그가 믿는 여호와라는 신에 대하여도 알아보고자 한 것입니다.

우리는 진리를 찾고 탐구하는 사람들을 구도자(seeker)라고 부릅니다. 저는 여러 가지 의미에서 이 스바 여왕이 이상적인 이방의 구도자에 속한다고 생각합니다. 이번 여름 우리는 국내외 여러 나라에 가서 선교를 하고 돌아왔습니다. 우리가 만난 사람들이 어떤 구도자였는가를 생각해 보십시오. 우리는 전도할 때 예수님으로부터 진주를 돼지에게 던지지 말라는 말씀을 받았습니다. 그렇다면 전도의 마당에서 주님이 예비하신 구도자를 만나게 해 달라고 기도할 필요가 있었습니다. 그렇다면 본문의 여인, 스바 여왕이 이상적 구도자일 수 있었던 이유는 무엇입니까? 스바 여왕에게서 배울 수 있는 우리의 전도 혹은 선교의 이상적 구도자 대상은 어떤 사람입니까? 과연 누가 이상적인 구도자일까요?

1. 건강한 호기심이 있는 사람입니다

스바의 여왕이 여호와의 이름으로 말미암은 솔로몬의 명성을 듣고 와서 어려운 문제로 그를 시험하고자 하여(왕상 10:1)

왜 시험하고자 했을까요? 호기심 때문입니다. 솔로몬의 지혜에 대한 호기심 때문이었습니다. 여호와의 이름에 대한 호기심 때문이었습니다. 여기 솔로몬의 명성을 말하며 여호와의 이름으로 말미암은 솔로몬의 명성이라고 하지 않았습니까? 스바 여왕에게 솔로몬의 지혜에 대한 지적 호기심이 있었습니다. 그러나 한걸음 더 나아가 솔로몬의 지혜는 여호와 하나님으로 말미암은 것이라는 소문을 듣고 솔로몬이 믿고 있는 여호와 하나님에 대한 영적 호기심이 있었던 것입니다. 호기심이란 것은 인간의 모든 창조적 발전의 바탕에 존재하는 하나님의 선물입니다. 호기심이 없이 문화가 발전할 수 없고 과학이 발전할 수 없고 예술이 발전할 수 없고, 문학도 발전할 수 없습니다. 모든 문화적, 과학적, 예술적 발전의 동기는 호기심입니다. 물론 악한 호기심은 인간을 악한 자리로 인도할 수도 있습니다. 그러나 모든 건강한 호기심은 하나님이 주신 것입니다.

저는 어려서부터 책에 대한 호기심이 많았습니다. 책을 보거나 만지면 그냥 행복했습니다. 그래서 어려서부터 취미가 이 책, 저 책 바꾸어 읽는 것입니다. 저는 이 책을 읽다가 피곤하고 짜증이 나면 다른 책으로 바꾸어 읽습니다. 그것이 저의 휴식이고 안식입니다. 저의 가정은 기독교와 상관없는 집안이었지만, 어려서 저의 이웃집에 교회당이 있었는데 교회에서 들려오는 찬송소리에 호기심이 발동했고, 교회를 드나드는 사람들이 갖고 다니는 두꺼운 성경책에 호기심이 생겼습니다. 저 책에 무슨 이야기가 들어 있을까? 성경은 영어권에서 온 것이라고 하는데 영어 성경 공부가 있다고 해서 선교사님들이 가르치는 영어 성경반에 다니기 시작했습니다. 순전히 호기심 때문이었습니다. 이 호기심이 마침내 저를 그리스도에게로 인도했고 그리스도인이 될 수 있었습니다. 건강한 호기심은 하늘의 선물입니다.

일본의 그리스도인 내촌감삼(우찌무라 간조)의 책에 《구안록》이 있습니다. 그가 지적 호기심으로 마음의 평안을 찾아 방황한 이야기입니다. 학문과 철학을 통해, 교회의 부흥회에서, 자연연구를 통해, 아니 도덕적 자선을 통해, 방황하던 그는 마침내 십자가상의 그리스도를 통해 참된 평안을 얻고 죄사함과 의롭다함의 은혜를 경험합니다. 호기심의 종착역이 십자가였고 그리스도였습니다. 건강한 호기심을 주시는 하나님을 찬양합시다.

2. 정직한 질문을 하는 사람입니다

이상적 구도자는 정직한 질문을 하는 사람입니다. 스바 여왕이 그랬습니다.

> … 그가 솔로몬에게 나아와 자기 마음에 있는 것을 다 말하매 솔로몬이 그가 묻는 말에 다 대답하였으니 왕이 알지 못하여 대답하지 못한 것이 하나도 없었더라(왕상 10:2b-3)

그녀는 마음에 있는 모든 질문을 왕에게 풀어 놓았습니다. 그리고 왕은 모든 질문에 답했다고 성경은 기록합니다. 우리 한국 문화에서는 배우는 학생들이 질문하는 것을 무례하게 생각하는 풍토가 있습니다만 본래 공부 잘하는 학생들이 질문도 잘 합니다. 질문은 죄가 아닙니다. 질문을 해야 답을 얻습니다. 성경은 우리에게 질문을 격려합니다. 고난의 여정을 통과하며 숱한 질문을 던지는 욥을 하나님은 나무라지 않으셨습니다. 복음서를 보면 예수님은 제자들에게 계속 질문을 던지고 계십니다. 의심 많은 제자 도마가 나는 주님이 부활하신 것을 믿을 수 없다고 "그의 손의 못 자국을 보며 내 손가락을 그 못 자국에 넣으며 내 손을 그 옆구리에 넣어 보지 않고는 믿지 아니하겠노라"(요 20:25)고 말했을 때 예수님은 그를 책망하는 대신 "네 손가락을 이리 내밀어 내 손을 보고 네 손을 내밀어 내 옆구리에 넣어 보라 그리하여 믿음 없는 자가 되지 말고 믿는 자가 되라"고 말씀하십니다.

유대인들이 성경을 읽고 연구하며 창안해낸 교육 방법의 하나가 〈하브루타〉입니다. 일명 질문하는 공부법입니다. 유대인 아버지들이 자녀들에게 질문을 하면서 자녀들이 답을 스스로 찾아가도록 인도하는 교육 방안입니다. 유대인 가정에서 시작되었는데 후일 학교에서도 학생들이 짝을 지어 질문하고 대화하고 토론하면서 답을 찾고 스스로 진리를 찾아가 도록 인도하는 학습법입니다. 그것이 수많은 유대인 인재들을 만들고 유대인들이 노벨상 수상자 30%을 탄생시킨 비결이라고 합니다. 질문을 잃어버린 사회는 더 이상 발전할 수 없는 사회입니다. 스바 여왕은 마음속에 수많은 질문을 갖고 솔로몬 왕을 찾았고 솔로몬은 일일이 그녀의 질문에 대답을 제공하여 그녀의 여행이 헛되지 않았음을 증명했습니다.

3. 친히 사실을 확인하는 사람입니다

이상적인 구도자는 질문을 할 뿐 아니라 질문한 것에 대하여 대답의 진실을 확인할 줄 아는 사람입니다. 스바 여왕이 그랬습니다. 6절에서의 여왕의 고백을 들어보십시오.

왕께 말하되 내가 내 나라에서 당신의 행위와 당신의 지혜에 대하여 들은 소문이 사실이로다

사실을 사실로 확인한 것입니다. 성경적 신앙이 무엇입니까? 성경적 사실에 기초한 것입니다. 사실이 아닌 것을 사실처럼 믿고 있는 것이 미신입니다. 분명한 사실을 거부하고 믿지 않는 것이 불신입니다. 참된 성경적 신앙은 사실을 사실 그대로 믿는 것입니다. 우리 시대 탁월한 기독교 신앙의 변증가 중 한 사람이 리 스트로벨입니다. 그는 예일 대학 출신의 기자로 시카고 트리뷴의 법률 전문 기자로 명성을 날리던 무신론자였습니다. 그런데 자기 아내가 어느 날 갑자기 크리스천으로 회심하자 아

내를 이 무지한 신앙에서 건져내고자 예수에 대한 역사적 허구를 파헤치기 위해 성경의 사실들을 추적하기 시작합니다.

그 결과 그는 성경의 진리가 허구가 아닌 역사적 사실임을 깨닫고 《예수는 역사다》(두란노서원, 윤관희, 박중렬 역)라는 책을 쓰고 이어서 우리 시대 빛나는 세계적 베스트셀러 변증서적들을 출간하게 됩니다. 창조에 대하여 부활에 대하여 믿음에 대하여 총 1,400만 부에 달하는 40여권의 주옥같은 도서들을 출간해서 우리에게 우리가 믿는 신앙이 허구가 아닌 사실에 기초한 사실적 신앙임을 확신하도록 도움을 주었습니다.

4. 마침내 믿고 하나님을 찬양하는 사람입니다

신실한 구도자의 종국은 마침내 믿고 하나님을 찬양하는 사람이 되는 것입니다. 스바의 여왕이 그렇게 되었습니다. 9절에서의 여왕의 고백을 들어보십시오.

당신의 하나님 여호와를 송축할지로다 여호와께서 당신을 기뻐하사 이스라엘 왕위에 올리셨고 여호와께서 영원히 이스라엘을 사랑하시므로 당신을 세워 왕으로 삼아 정의와 공의를 행하게 하셨도다

이미 말씀드린 것처럼 스바 여왕은 아랍 사람입니다. 아랍 사람이 이스라엘의 하나님을 찬양하고 있는 것입니다. 오늘 우리 한국 사람이 이스라엘의 하나님 여호와를 찬양하고 있는 것처럼 말입니다.

스바 여왕은 솔로몬의 하나님을 말로만 찬양한 것이 아니라 그 하나님을 알고 믿게 해준 솔로몬에게 유례없는 감사의 선물을 증정하게 됩니다.

"이에 그가 금 일백이십 달란트와 심히 많은 향품과 보석을 왕에게 드렸으니 스바의 여왕이 솔로몬 왕에게 드린 것처럼 많은 향품이 다시 오지 아니하였더라"(왕상 10:10)

역사적으로 유례없는 감사의 표현이었던 것입니다. 솔로몬 왕도 풍성한 선물로 또한 답례를 하게 됩니다.

"솔로몬 왕이 왕의 규례대로 스바의 여왕에게 물건을 준 것 외에 또 그의 소원대로 구하는 것을 주니 이에 그가 그의 신하들과 함께 본국으로 돌아갔더라"(왕상 10:13)

그래서 솔로몬 왕과 스바 여왕의 만남은 아름다운 해피엔딩으로 막을 내립니다. 사실 스바 여왕의 회심은 솔로몬 왕이 성전 봉헌을 하며 이방인들이 이 성전에서 하나님을 찬양하게 해 달라는 기도의 응답이 아니었습니까? 이번 여름 우리도 이런 해피엔딩의 드라마를 경험하지 않으셨나요? 한국인 크리스천들에 의해 국내외 그리고 이방에까지 전해진 복음의 소식과 복음을 받아들이는 이웃들을 바라본 기쁨의 찬양, 이것이 여름 선교를 결산하는 우리의 감사가 아닌가요?

우리의 전도, 우리의 선교의 노력에도 불구하고 복음을 거절한 사람들이 많았다고요? 이제 우리 주 예수님의 말씀을 기억해 보십시오.

"심판 때에 남방 여왕(스바 여왕)이 일어나 이 세대 사람을 정죄하리니 이는 그가 솔로몬의 지혜로운 말을 들으려고 땅 끝에서 왔음이거니와 솔로몬보다 더 큰 이가 여기 있으며"(눅 11:31)

이 시대에 복음을 거절하는 모든 이방인들에게 스바 여왕이 일어나 정죄할 것이라는 말씀입니다.

"나는 그 옛날 교통이 불편하던 그 시절 그 먼 거리를 가서 솔로몬을 만나 그가 섬기는 여호와 하나님의 말씀을 들었는데 지금 솔로몬보다 더 크신 이, 만왕의 왕 예수의 복음을 이렇게 자유롭게 듣고도 결단하지 못하다면 그대들은 심판의 날 어떻게 주님 앞에서 복음을 받아들이지 못한 자신을 변호하겠는가?"

"보라 지금은 은혜 받을 만한 때요 보라 지금은 구원의 날이로라"

(고후 6:2)

이 여름 우리의 모든 복음증거를 위한 수고는 수고의 결과와 상관없이 추수의 주님께서 친히 기억해 주실 것입니다.

아름답게 하시는 하나님

전도서 3장 1-11절

[1]범사에 기한이 있고 천하 만사가 다 때가 있나니 [2]날 때가 있고 죽을 때가 있으며 심을 때가 있고 심은 것을 뽑을 때가 있으며 [3]죽일 때가 있고 치료할 때가 있으며 헐 때가 있고 세울 때가 있으며 [4]울 때가 있고 웃을 때가 있으며 슬퍼할 때가 있고 춤출 때가 있으며 [5]돌을 던져 버릴 때가 있고 돌을 거둘 때가 있으며 안을 때가 있고 안는 일을 멀리 할 때가 있으며 [6]찾을 때가 있고 잃을 때가 있으며 지킬 때가 있고 버릴 때가 있으며 [7]찢을 때가 있고 꿰맬 때가 있으며 잠잠할 때가 있고 말할 때가 있으며 [8]사랑할 때가 있고 미워할 때가 있으며 전쟁할 때가 있고 평화할 때가 있느니라 [9]일하는 자가 그의 수고로 말미암아 무슨 이익이 있으랴 [10]하나님이 인생들에게 노고를 주사 애쓰게 하신 것을 내가 보았노라 [11]하나님이 모든 것을 지으시되 때를 따라 아름답게 하셨고 또 사람들에게는 영원을 사모하는 마음을 주셨느니라 그러나 하나님이 하시는 일의 시종을 사람으로 측량할 수 없게 하셨도다

한국인들에게 가장 좋아하는 클래식 음악을 조사해 보면 부동의 일위가 언제나 비발디의 〈사계〉라고 합니다. 비교적 사계절의 변화가 뚜렷한 한반도에서 살아가며 우리 모두는 봄, 여름, 가을 그리고 겨울 각각의 계절이 제공하는 아름다움을 즐겨온 까닭에 우리가 이런 사계의 변화를 묘사하는 음악에 끌리고 있는지도 모르겠습니다. 그러나 최근 급격한 지구온난화에 따른 상승적 온도의 변화는 우리로 하여금 끈끈하고 습한 여름철의 무더위와 씨름하게 했고 우리는 과거처럼 여름을 그렇게 즐기지 못한 것도 사실입니다. 그러나 그 여름도 지나가고 있습니다. 오늘 본문에서 전도서의 기자가 말한 그대로 범사에 기한이 있고 때가 있다는 말씀처럼 이제 계절의 변화를 다시 기대하며 가을을 기다리게 되었습니다. 그런데 지금까지 영왕기상으로 솔로몬 왕의 사적을 추적하다가 갑자기 전도서로 온 이유가 궁금하실지 모르겠습니다.

사실 솔로몬 인물 강해는 열왕기상 11장으로 끝납니다. 11장 마지막 부분에서 솔로몬은 40년 통치를 마무리하고 사망합니다. 그것도 그가 여호와 신앙을 떠나게 되는 슬픈 모습과 함께 말입니다. 그러면서 우리는 솔로몬의 노년기가 궁금해지는 것입니다. 그는 마지막 노년기를 어떻게 살았을까 하는 물음입니다. 그런데 유대인 학자들은 솔로몬의 청년 시절에 그가 쓴 책이 아가서이고 그의 완숙한 장년기에 쓴 책이 잠언서이고 그리고 그의 노년기에 쓴 책이 전도서라고 믿고 있습니다. 학자에 따라서 솔로몬 왕이 노년기에 타락하기 전에 이 책을 썼다고 주장하는 분도 있고 더 많은 학자들은 타락한 후 그가 돌이켜 회개하고 죽음을 맞이하기 전의 시간에 이 전도서를 쓴 것이라고 주장합니다. 분명한 것은 전도서는 솔로몬의 노년기에 지금까지 살아온 삶을 돌이켜 보며 쓴 책이라는 것입니다.

잘 아시는 대로 전도서 1장 1절은 "다윗의 아들 예루살렘 왕 전도자의 말씀이라"고 시작됩니다. 여기 다윗의 아들로 예루살렘 왕을 지낸 것은 솔로몬 왕 밖에 없습니다. 그런데 그는 왜 여기 자신을 전도자라고 했을까요? 히브리어 '코헬렛'은 군중을 모아놓고 말씀하는 자로 사실 설교자에 더 가깝습니다. 솔로몬 왕은 왕이었지만 제사장의 역할도 했고 때로는 백성들을 향한 설교자의 역할도 했던 것입니다. 그런 그가 살아온 인생을 회고하며 1장 2절에서 이렇게 말합니다.

"전도자가 이르되 헛되고 헛되며 헛되고 헛되니 모든 것이 헛되도다"

여기 헛되다는 말은 히브리 원어에 '헤벨'이란 단어인데 추운 겨울 아침 입김을 불면 포물선을 그리고 사라지는 입김 혹은 숨결에 지나지 않은 것이 인생이었다고 고백하는 것입니다. 3장 1–11절에서 그런 인생의 시간을 솔로몬 왕은 14개의 짝을 이루는 때(28가지)로 요약합니다. 반은 긍정, 낙관이고 반은 부정, 비관입니다. 인생은 낙관도 비관도 아니고 긍정도 부정도 아니라는 것입니다. 그러면 이런 시간의 흐름 속에서 삶의 의미를 어떻게 정리해야 할 것인가를 말하고 있습니다. 시간의 변화가 주는 레슨은 무엇입니까?

1. 시간의 상처를 수용해야 합니다

이미 여기 서술된 시간의 짝 중 절반은 낙관이고 절반은 비관이라고 말씀을 드렸습니다. 인생은 절반의 비관 곧 부정의 상처들을 어떻게 끌어안고 사느냐가 우리의 삶의 질을 결정하는 것입니다. 날 때가 있는가 하면 죽을 때가 있습니다. 우리는 죽음의 시간을 어떻게 준비하고 있을까요? 심을 때가 있고 뽑을 때가 있습니다. 우리가 심은 것을 뽑아야 할 때 우리는 어떻게 그 시간을 맞이하고 있을까요? 우리는 한 생명을 치료하여 살려내야 할 때가 있는가 하면 그 생명이 그만 세상을 떠나도록 포기해야 할 때도 있습니다. 구원과 포기의 갈림길에서 우리의 선택은 무엇일까요? 웃어야 할 때가 있는가 하면 울어야 할 때가 있습니다. 우리는 그 울음의 시간에도 준비가 되었을까요? 춤추며 축제를 벌여야 할 때가 있는가 하면 슬픔으로 탄식해야 할 때도 있습니다. 그 슬픔의 시간을 어떻게 지나셨나요?

돌을 던져 공격해야 할 때가 있는가하면 돌을 거두고 화해의 악수를 청할 때도 있습니다. 지금 당신은 돌을 들고 계시나요, 아님 돌을 거두셨나요? 당신은 누군가를 안아 격려할 때가 있는가하면 그 누군가를 더 이상 안아주지 말고 그를 멀리할 결심이 필요할 때도 있습니다. 사랑했던 이를 멀리 떠나보낼 때 당신은 어떻게 그 이별의 시간을 보내셨나요? 소중한 것을 찾고 기뻐할 때가 있는가 하면 그것을 다시 잃고 포기해야 할 때도 있습니다. 그 포기가 쉬우셨나요? 사랑하는 사람을 지켜야 할 때가

너희는 솔로몬에게 배우라

있는가 하면 그를 버려야 할 때도 있습니다. 내가 지키던 사람을 버릴 때 당신의 마음은 어떠하셨나요? 옷을 꿰매듯 꿰맬 때가 있는가하면 그 옷을 다시 찢어야 할 때도 있습니다. 어느 것이 더 쉬운 선택일까요? 잠잠할 때가 있는가하면 입을 열어 말해야 할 때도 있습니다. 지금 당신은 어느 것을 선택하고 계신가요? 사랑할 때가 있는가하면 그를 다시 미워해야 할 때가 있습니다. 평화의 때가 있는가하면 전쟁해야 할 때가 있습니다. 이 미움의 시간, 전쟁의 시간에 상처가 남긴 마음의 주름살이 우리를 이렇게 늙게 하는 것입니다.

이런 시간의 상처들을 우리는 원망으로만 대하고 삶을 헛되고 헛된 것으로만 결산할 때도 있습니다. 그러나 이 모든 상처조차도 나를 빚으시기 위한 하나님의 주권으로 허용된 것으로 받을 수 있다면 삶은 새로운 의미를 가질 수 있습니다. 그때 우리의 상처는 아름다운 상처가 될 수 있습니다. 아니 우리의 상처(scar)는 밤하늘에 빛나는 별(star)이 될 수 있습니다. 십자가는 예수님의 상처였지만 그를 믿는 자들의 자랑이 될 수 있었던 것처럼 말입니다. 바울의 고백을 기억하십니까? 갈라디아서 6장 14절의 말씀입니다.

> 그러나 내게는 우리 주 예수 그리스도의 십자가 외에 결코 자랑할 것이 없으니

십자가는 더 이상 상처가 아니라 자랑이었습니다. 시간의 상처를 하나님의 뜻으로 받아들인 사람들의 놀라운 고백입니다.

우리는 인생이라는 시간을 살아가면서 경험하게 되는 상처를 잘 수용해야 할 것을 말씀드렸습니다. 그러나 아무리 이 상처를 잘 수용하는 사람에게도 상처받은 감정의 밑바닥에 억울함과 불공평함의 불평은 남을 수밖에 없습니다. '과연 하나님은 공의로우시고 공평하신가?', '인생은 과연 살만한 가치가 있는 것인가?'라는 물음표를 지울 수가 없습니다. 그런데 오늘 전도서의 기자는 우리에게 '그래서 우리는 시간을 넘어 저 영원을 바라볼 줄 알아야 한다'고 말합니다. 그 영원한 내세의 심판을 통해 비로소 모든 것이 공평하고 정의롭게 판단될 것이기 때문입니다. 우리가 사는 한 세상만으로 세상의 모든 일이 공평하게 바로 제 자리를 차지할 수 없기에 다음 세상, 곧 영원한 세상이 필요하다는 것입니다.

유명한 철학자 임마누엘 칸트는 그의 도덕론적 증명을 통해 내세의 당위적 필연성을 주장했습니다. 도덕적 정의가 구현되기 위해선 이 세상만으로는 불가하기에 내세가 꼭 필요하고 그 내세에서의 심판을 위한 신의 존재도 필요하다고 그는 말합니다. 전도서의 기자 솔로몬 왕은 절대 권력을 누리고 수많은 백성들의 재판을 시행했지만 그럼에도 불구하고 하나님이 정말 아름답게 인생을 섭리하시는 분이라면 시간을 넘어 영원이라는 것이 존재해야 한다고 본 것입니다. 본문 11절의 말씀을 보십시오.

하나님이 모든 것을 지으시되 때를 따라 아름답게 하셨고 또 사람들에게는 영원을 사모하는 마음을 주셨느니라 그러나 하나님이 하시는 일의 시

그렇습니다. 지나간 날의 과거의 시간 그리고 오늘 현재의 시간에서 우리가 겪고 있는 억울함과 부조리함이 온전히 정의롭게 해결되기 위해서는 이 시간을 넘어 저 영원한 미래에서의 그분의 마지막 판단을 기다릴 수밖에 없습니다. 그것이 바로 우리가 영원을 사모하는 한 이유입니다.

우리 시대를 함께 살아간 유대인 철학자 중에 마르틴 부버라는 분이 있습니다. 《나와 너》(I and You/Ich und Du, 대한기독교서회, 김천배 역)라는 책을 쓴 분입니다. 그는 우리 시대의 모든 인간 관계는 〈나와 너〉가 아니면 〈나와 그것〉이라고 말했습니다. 나와 너가 참된 인격적 교감을 갖고 살아갈 때 '나와 너'의 관계가 성립하지만 내가 너를 물격인 그것(it)처럼 이용하고 버릴 때 우리는 '나와 그것'일 뿐이라고 말합니다. 이런 관계를 치유하기 위해 우리는 〈영원자 너〉(Eternal Thou)를 만나야 한다고 말합니다. 그는 신의 존재를 '영원자 너'라고 부르고 있는 것입니다. 영원자 너를 통해 우리가 만나고 교감할 때 우리는 비로소 '나와 너'가 될 수 있다고 말합니다. 시간을 넘어 영원까지 다스리시는 그분의 관점, 그분의 임재 안에서만 우리는 상처를 극복하고 서로를 수용할 수 있기 때문입니다. 히브리 대학 교수였던 그가 유대인으로서 제일 많이 한 활동은 아랍학생들을 돕고 사랑하는 일이었습니다. 그가 마지막으로 남긴 유산에는 아랍학생들을 지원하는 장학금이 남겨져 있었습니다. 시간을 넘어 영원을 바라본 사람의 아름다운 인생 결산이었습니다.

3. 오늘이란 시간에
최선의 선택을 해야 합니다

그렇다고 영원한 내세만 바라보고 오늘을 살아야 할까요? 아닙니다. 전도서의 기자는 12절에서 "사람들이 사는 동안에 기뻐하며 선을 행하는 것보다 더 나은 것이 없는 줄을 내가 알았고"라고 고백합니다. 오늘은 오늘의 최선을 다하고 영원한 내일을 기다려야 한다는 것입니다. 우리는 본문 3장 1절에 쓰여진 두개의 단어를 주목할 필요가 있습니다.

"범사에 <u>기한</u>이 있고 천하만사가 다 <u>때</u>가 있나니"

이 말씀이 소위 70인역으로 번역될 때 '기한'은 카이로스(kairos)라는 단어로 '때'는 크로노스(chronos)라는 헬라어로 번역됩니다. 크로노스는 그냥 흘러가는 시간입니다. 그러나 카이로스는 하나님이 간섭하시는 위기의 시간입니다. 우리의 인생 시간에 하나님이 간섭하시면 흘러가는 시간 속에 놀라운 하나님의 뜻이 이루어질 수가 있다는 것입니다. 우리 교회 공동체가 겪고 있는 위기의 시간에 우리가 참으로 하나님의 뜻을 묻고 하나님의 간섭을 구할 수 있다면 우리의 위기는 우리의 기회가 될 수 있다는 것을 믿어야 합니다.

그러기 위해서는 우리는 기도하면서 최선의 선택을 해야 합니다. 우리는 안타깝지만 과거로 시간을 되돌릴 수는 없습니다. 이제는 과거가 아닌 미래에 집중해야 합니다. 미래를 위한 최선의 선택을 해야 합니다. 분열은 우리가 선택할 수 있는 최악의 일입니다. 우리 중에 분열은 생각이라도 하지 않도록 우리는 하나가 되어야 합니다. 우리가 우리의 미래를 최선을 다하여 선택할 때 본문 11절에 때를 따라 아름답게 하시는 하나님의 손길을 보게 될 것입니다. 아니, 모든 것이 합력하여 선을 이루시는 놀라운 섭리를 보게 될 것입니다. 잠시 겪는 우리의 아픔이 새로운 시대 새로운 미래의 공동체를 해산하기 위한 그분의 섭리이었음을 우리 모두 고백하게 될 것입니다. 전도서에는 "해 아래에서"라는 말이 반복됩니다. 해 아래에서 우린 인생의 허무를 때로 경험하지만 해 위에 계신 하나님은 이 허무한 인생 속에 그분의 놀라운 뜻을 숨겨 놓으셨습니다.

우리가 잘 부르는 가요 중에 복음성가에 들어갔으면 하는 곡들이 있습니다. 요즘 제가 가끔 흥얼거리는 노래(인생은 미완성, 이진관)입니다.

인생은 미완성 쓰다가 마는 편지
그래도 우리는 곱게 써가야 해
사랑은 미완성 부르다 멎는 노래
그래도 우리는 아름답게 불러야 해
사람아 사람아 우린 모두 타향인 걸
외로운 가슴끼리 사슴처럼 기대고 살자
인생은 미완성 그리다 마는 그림
그래도 우리는 아름답게 그려야 해

우리 모두 우리 지구촌 공동체가 선택할 미래를 가슴을 설레며 기도하고 기대합시다. 찬송가 623장(주님의 시간에, D. Ball)은 이런 우리의 갈망을 대표하는 찬송입니다.

주님의 시간에
아름답게 모든 것 변하리
주님 나의 갈길을 인도하여 주시니
주의 뜻을 따라서 살리라
In His time in HIs time
He makesall things beautiful in his time

주님의 시간에 모든 것을 아름답게 하실 하나님을 기대합시다. 그리고
이제 그 미래로 나아갑시다! 할렐루야!

12

왕의 타락과 죽음

열왕기상 11장 1-11,41-43절

¹솔로몬 왕이 바로의 딸 외에 이방의 많은 여인을 사랑하였으니 곧 모압과 암몬과 에돔과 시돈과 헷 여인이라 ²여호와께서 일찍이 이 여러 백성에 대하여 이스라엘 자손에게 말씀하시기를 너희는 그들과 서로 통혼하지 말며 그들도 너희와 서로 통혼하게 하지 말라 그들이 반드시 너희의 마음을 돌려 그들의 신들을 따르게 하리라 하셨으나 솔로몬이 그들을 사랑하였더라 ³왕은 후궁이 칠백 명이요 첩이 삼백 명이라 그의 여인들이 왕의 마음을 돌아서게 하였더라 ⁴솔로몬의 나이가 많을 때에 그의 여인들이 그의 마음을 돌려 다른 신들을 따르게 하였으므로 왕의 마음이 그의 아버지 다윗의 마음과 같지 아니하여 그의 하나님 여호와 앞에 온전하지 못하였으니 ⁵이는 시돈 사람의 여신 아스다롯을 따르고 암몬 사람의 가증한 밀곰을 따름이라 ⁶솔로몬이 여호와의 눈앞에서 악을 행하여 그의 아버지 다윗이 여호와를 온전히 따름 같이 따르지 아니하고 ⁷모압의 가증한 그모스를 위하여 예루살렘 앞 산에 산당을 지었고 또 암몬 자손의 가증한 몰록을 위하여 그와 같이 하였으며 ⁸그가 또 그의 이방 여인들을 위하여 다 그와 같이 한지라 그들이 자기의 신들에게 분향하며 제사하였더라 ⁹솔로몬이 마음을 돌려 이스라엘의 하나님 여호와를 떠나므로 여호와께서 그에게 진노하시니라 여호와께서 일찍이 두 번이나 그에게 나타나시고 ¹⁰이 일에 대하여 명령하사 다른 신을 따르지 말라 하셨으나 그가 여호와의 명령을 지키지 않았으므로 ¹¹여호와께서 솔로몬에게 말씀하시되 네게 이러한 일이 있었고 또 네가 내 언약과 내가 네게 명령한 법도를 지키지 아니하였으니 내가 반드시 이 나라를 네게서 빼앗아 네 신하에게 주리라 … ⁴¹솔로몬의 남은 사적과 그의 행한 모든 일과 그의 지혜는 솔로몬의 실록에 기록되지 아니하였느냐 ⁴²솔로몬이 예루살렘에서 온 이스라엘을 다스린 날 수가 사십 년이라 ⁴³솔로몬이 그의 조상들과 함께 자매 그의 아버지 다윗의 성읍에 장사되고 그의 아들 르호보암이 대신하여 왕이 되니라

인생을 살아가는 사람들의 처음 출발과 마지막 마무리에 따른 삶의 유형을 세 가지로 나눌 수 있습니다. 첫 번째는 처음 출발은 나쁜데 마지막이 좋은 사람, 두 번째는 처음도 좋고 마지막도 좋은 사람, 세 번째는 처음은 좋았는데 마지막이 나쁜 사람입니다. 물론 두 번째 유형의 삶을 살면 제일 좋을 것입니다. 처음도 좋고 마지막도 좋은 인생 말입니다. 그런데 그런 사람은 매우 드물 것입니다. 그런데 오늘 우리는 세 번째 유형의 삶을 성찰하게 될 것입니다. 솔로몬 왕이 바로 이 세 번째 유형의 삶, 처음은 좋았는데 마지막이 안 좋은 삶을 산 사람에 속합니다. 그는 저 유명한 다윗의 아들로 인생의 출발을 시작합니다. 금수저 인생이지요. 거기다가 그는 왕위에 오르면서 하나님의 놀라운 축복을 경험합니다. 지혜의 복과 함께 그가 구하지 아니한 부귀와 영광까지 누리게 되었습니다. 성전을 건축하여 하나님께 봉헌한 믿음의 왕이기도 했습니다. 자기 나라뿐 아니라, 이웃 나라들이 부러워 할 힘과 권세, 그리고 부요함을 누리며 문자 그대로 해가 지지 않는 평화로운 나라의 통치자로 인생의 대부분을 살아왔습니다.

그런데 인생의 말년에 그는 갑자기 타락한 인생으로 추락합니다. 더 이상 그는 믿음의 사람이 아니었습니다. 그는 부도덕한 우상숭배자로 변신합니다. 그리고 그가 통치하던 나라를 둘러싸고 대적들이 일어납니다. 더 이상 그의 나라도 평화의 나라가 아니었습니다. 하나님은 그를 향하여 진노하시게 되었습니다. 11장 9절을 보십시오.

> 솔로몬이 마음을 돌려 이스라엘의 하나님 여호와를 떠나므로 여호와께서 그에게 진노하시니라

14절을 보십시오.
"여호와께서 에돔 사람 하닷을 일으켜 솔로몬의 대적이 되게 하시니 그는 왕의 자손으로서 에돔에 거하였더라"
23절을 보십시오.
"하나님이 또 엘리아다의 아들 르손을 일으켜 솔로몬의 대적자가 되게 하시니"
이제는 26절을 보십시오.
"솔로몬의 신하 느밧의 아들 여로보암이 또한 손을 들어 왕을 대적하였으니"
내우외환의 상황이 전개되고 있습니다. 안에서 밖에서 대적들이 일어납니다. 그리고 본문 42-43절은 그가 예루살렘에서 이스라엘을 통치한지 40년 만에 세상을 떠나 다윗의 성읍에 장사되었다고 기록합니다.

왜, 무엇이 그를 이렇게 추락하게 만들었을까요? 그의 말년의 비극을 우리는 잠시 추적하지 않을 수 없습니다. 그의 생애의 변신이야말로 "그런즉 선 줄로 생각하는 자는 넘어질까 조심하라"(고전 10:12)는 말씀을 우리

에게 상기하게 만들기 때문입니다. 그렇다면 왜, 무엇 때문에 솔로몬 왕은 타락했을까요?

1. 가장 큰 사랑을
상실했기 때문입니다

솔로몬 왕이 바로의 딸 외에 이방의 많은 여인을 사랑하였으니 곧 모압과 암몬과 에돔과 시돈과 헷 여인이라(왕상 11:1)

왜 이렇게 많은 여인들과 사랑에 빠졌을까요? 열왕기상 3장 3절의 말씀을 기억하십니까?

"솔로몬이 여호와를 사랑하고 그의 아버지 다윗의 법도를 행하였으나 산당에서 제사하며 분향하더라"

왕의 등극 초기에 솔로몬의 가장 큰 사랑은 여호와 사랑이었습니다. "솔로몬이 여호와를 사랑하고"라고 했습니다. 그런데 어느새 이 가장 큰 사랑, 최고의 사랑을 망각하기 시작하자, 그를 에워싸고 있던 수많은 여인들과의 인간적 사랑에 몰입하기 시작한 것입니다. 이것이 바로 우상숭배의 시작이었습니다. 우상숭배가 무엇입니까? '하나님보다 더 사랑하는 무엇에 대한 경배'인 것입니다. 물론 고대의 왕들은 주변에 적지 않은 여인들을 왕비로 거느리고 있는 것이 관례였습니다. 그러나 솔로몬의 경우에는 한두 여인 혹은 몇 명의 여인이 아니었던 것을 우리는 잘 알고 있습니다.

왕은 후궁이 칠백 명이요 첩이 삼백 명이라 그의 여인들이 왕의 마음을 무려 천명의 여인들이 솔로몬을 기다리고 있었던 것입니다. 그리고 그들과의 사랑의 유희는 마침내 왕의 가장 큰 사랑 여호와 사랑을 망각하게 했던 것입니다.

그리고 이런 여러 왕비를 둔 배경에는 솔로몬의 권력의 욕구도 작용하고 있었습니다. 다시 말하면 여러 나라의 왕비를 둠으로 그들 나라들과의 정략적 관계를 맺고자 함이었던 것입니다. 그래서 더 많은 왕비를 둔다는 것은 더 많은 나라들과 정치적 관계를 갖는 것을 의미했던 것입니다. 그런데 이런 여인들이 솔로몬 곁으로 오면서 그들은 자기들이 섬겨 온 우상 신들을 함께 가지고 오게 되었습니다. 솔로몬은 처음에는 이런 우상 신에게 관심을 두지 않았습니다. 그러나 여호와 하나님에 대한 사랑이 식기 시작하면서 솔로몬의 마음속에 이런 우상 신들에 대한 호기심과 관심이 자라기 시작한 것입니다. 그것이 바로 우상숭배의 발단이었습니다. 물론 저는 솔로몬이 여호와 하나님을 완전히 저버린 것은 아니라고 생각합니다. 그러나 여호와도 섬기고 우상도 섬기고… 이렇게 그의 우상숭배는 시작되었을 것입니다.

이것이 바로 2절 말씀이 증언한 우상숭배의 시작입니다.
"여호와께서 일찍이 이 여러 백성에 대하여 이스라엘 자손에게 말씀하시기를 너희는 그들과 서로 통혼하지 말며 그들도 너희와 서로 통혼하게 하지 말라 그들이 반드시 너희의 마음을 돌려 그들의 신들을 따르게 하리라 하셨으나 솔로몬이 그들을 사랑하였더라"

118

이제 4절의 증언을 보십시오.

"솔로몬의 나이가 많을 때에 그의 여인들이 그의 마음을 돌려 다른 신들을 따르게 하였으므로"

6절에서 성경은 "솔로몬이 여호와의 눈앞에서 악을 행하여"라고 고발합니다. 그리고 이어 7절을 보십시오.

"모압의 가증한 그모스를 위하여 예루살렘 앞산에 산당을 지었고 또 암몬 자손의 가증한 몰록을 위하여 그와 같이 하였으며"

당시 예루살렘 한복판 성전 산에는 여호와를 경배하는 성전이 왕에 의해 지어져 있었는데 그 앞산, 감람 산에 솔로몬은 다시 모압 신을 위하고 암몬 신을 위한 우상의 신전들을 지은 것입니다. 솔로몬 왕은 마침내 십계명의 7계명뿐 아니라 제1계명도 2계명도 다 범한 자가 된 것입니다. 오늘의 우리는 다를까요? 우리는 과연 하나님만 사랑하고 경배하고 있을까요? 아니면 하나님과 함께 돈도 섬기고 권력도 섬기고 내 감추인 욕망도 섬기고 있지 않은가요?

2. 자신이 강조한 마음 관리에 실패한 때문입니다

솔로몬이 그의 전성기에 기록한 잠언의 한 말씀을 보겠습니다.

모든 지킬 만한 것 중에 더욱 네 마음을 지키라 생명의 근원이 이에서 남이니라(잠 4:23)

잠언 23장 7절에서는 "대저 그 마음의 생각이 어떠하면 그 위인도 그

너희는 솔로몬에게 배우라

러한즉"이라고 말씀한 바가 있었습니다. 우리가 그 무엇보다 자신의 마음의 청지기가 될 것을 권면한 것입니다. 그런데 오늘 본문에서 어떤 일이 일어나고 있습니까? 솔로몬이 그의 첫 사랑, 하나님 사랑에서 멀어지고 이방여인들과의 사랑에 빠지기 시작하자 자신의 마음이 흔들리고 방황하기 시작한 것입니다. 그리고 악한 자, 사탄은 그런 기회를 놓치지 아니했습니다. 2절의 경고에서 "너희의 마음을 돌려 그들의 신들을 따르게 하리라"한 그 사건이 일어나기 시작한 것입니다. 3절의 경고대로 "왕의 마음을 돌아서게 하였더라"가 일어난 것입니다. 4절의 증언처럼 "그의 마음을 돌려 다른 신들을 따르게 하였으므로 왕의 마음이 그의 아버지 다윗의 마음과 같지 아니하여"라고 한 사태가 일어납니다. 이제 9절을 보십시오.

솔로몬이 마음을 돌려 이스라엘의 하나님 여호와를 떠나므로

이것이 마음 관리에 실패한 솔로몬에 대한 성경의 증언입니다.

솔로몬이 우리에게 마음을 지키라고 하면서 그 이유를 생명의 근원이 이에서 난다라고 하였습니다. 우리의 살아있음을 표현하는 중추적 기능이 마음에서 이루어집니다. 주님은 우리에게 가장 큰 사랑을 명하시면서 네 마음을 다하여 사랑하라고 말씀하십니다(마 22:37, 네 마음을 다하고 목숨을 다하고 뜻을 다하여 주 너의 하나님을 사랑하라). 최근에 우리는 사진을 찍을 때 하트 표시를 합니다. 사랑은 마음에서 시작하고 마음에서 자라남을 우리는 알고 있기 때문입니다. 믿음도 마음에서 시작됩니다. 로마서 10장 10절에 보면 "사람이 마음으로 믿어 의에 이르고 입으로 시인하여 구원에 이르

느니라"고 말씀합니다. 신앙고백은 입으로 하는 것이지만 그 신앙의 시작은 마음에서 출발하는 것입니다. 우리는 마음의 문을 열고 예수 그리스도를 구주와 주님으로 영접하는 것입니다. 바울 사도는 에베소서 3장 17절에서 "믿음으로 말미암아 그리스도께서 너희 마음에 계시게 하시옵고"라고 기도한다고 말합니다. 그리고 세상 염려를 다 주께 맡기고 기도와 간구의 삶을 살아갈 때 "모든 지각에 뛰어난 하나님의 평강이 그리스도 예수 안에서 너희 마음과 생각을 지키시리라"(빌 4:7)고 말씀하십니다.

그렇습니다. 마음관리에 실패할 때 솔로몬은 더 이상 하나님의 지혜로운 청지기가 되지 못한 것입니다. 솔로몬의 타락, 그것은 그의 마음에서부터 시작된 것입니다. 자기 자신의 마음을 주께 드리지 못하는 순간 솔로몬은 더 이상 지혜로운 솔로몬이 못된 것입니다. 마음을 주께 드리는 결단은 예수 믿을 때에만 필요한 것이 아닙니다. 신앙에 들어간 이후 매일 매일의 삶에서도 우리는 지속적인 선택에 직면합니다. 그때에도 우리는 마음을 주께 드리는 선택의 결단이 필요한 것입니다. 솔로몬의 타락이라는 비극은 우리의 비극일수 있습니다. 그에게 필요했던 마음의 관리, 오늘을 사는 우리에게도 필요한 것입니다.

3. 하나님과의 언약을
지키지 못한 때문입니다

이 솔로몬 왕의 마지막 비극의 장을 서술하며 열왕기상의 기자는 본문에서 그가 그의 부친 다윗과 같지 못했던 것을 지적합니다. 4절 하반부의 말씀을 보십시오. "… 왕의 마음이 그의 아버지 다윗의 마음과 같지 아니하여 그의 하나님 여호와 앞에 온전하지 못하였으니"라고 증언합니다. 다시 6절을 보십시오.

"솔로몬이 여호와의 눈앞에서 악을 행하여 그의 아버지 다윗이 여호와를 온전히 따름 같이 따르지 아니하고"

여기 성경의 기자가 솔로몬의 말기의 삶을 말하며 다윗을 말하는 이유는 사실 다윗이 하나님과 언약할 때 그 아들 솔로몬의 번영이 그 언약 안에 포함되어 있었기 때문입니다. 여러분, 다윗이 죽어가며 아들 솔로몬에게 남긴 유언을 기억하십니까?

"내가 이제 세상 모든 사람이 가는 길로 가게 되었노니 너는 힘써 대장부가 되고 네 하나님 여호와의 명령을 지켜 그 길로 행하여 그 법률과 계명과 율례와 증거를 모세의 율법에 기록된 대로 지키라 그리하면 네가 무엇을 하든지 어디로 가든지 형통할지라"(왕상 2:2-3)

그러나 그의 아들 솔로몬이 다윗의 유언, 혹은 다윗의 언약처럼 살기를 거부하자 하나님의 마지막 심판 선언이 내린 것입니다.

여호와께서 솔로몬에게 말씀하시되 네게 이러한 일이 있었고 또 네가 내 언약과 내가 네게 명령한 법도를 지키지 아니하였으니 내가 반드시 이 나라를 네게서 빼앗아 네 신하에게 주리라(왕상 11:11)

이런 하나님과의 언약을 지키지 못한 실패의 비극, 그것이 솔로몬의 사후 이스라엘이 남(두 지파)과 북(열 지파)으로 분열되고 그리고 끝내는 북이스라엘은 앗수르에게, 남유다는 바벨론에게 멸망당하는 비극을 초래한 것입니다. 사람과의 약속도 중요하지만 하나님과의 약속은 얼마나 더 중요할까요? 성경의 하나님은 약속의 하나님이십니다. 성경의 두 권의 책을 우리는 구약과 신약이라고 합니다. 그리스도 오시기 전의 약속, 그것이 구약이고, 그리스도가 오신 후의 약속을 우리는 신약이라고 합니다. 우리는 하나님과 언약을 맺고 살아가는 언약의 백성들입니다. 솔로몬에 대한 하나님의 심판은 그분이 약속에 성실하신 하나님이심을 보여줄 따름입니다.

그렇다면 솔로몬의 최후는 어떻게 되었을까요? 그는 과연 구원을 받았을까요? 그는 죽음 이전에 과연 회개의 기회를 가졌을까요? 사무엘하 7장 13-15절의 말씀은 솔로몬에 대한 성경이 증언하는 마지막 희망의 빛입니다.

"그는 내 이름을 위하여 집을 건축할 것이요 나는 그의 나라 왕위를 영원히 견고하게 하리라 나는 그에게 아버지가 되고 그는 내게 아들이 되리니 그가 만일 죄를 범하면 내가 사람의 매와 인생의 채찍으로 징계하려니와 내가 네 앞에서 물러나게 한 사울에게서 내 은총을 빼앗은 것처럼 그에게서 빼앗지는 아니하리라"

그래서 많은 성경학자들은 솔로몬 왕이 죽음 전에 회개의 기회를 갖게 되고 그가 마지막 기록을 남긴 것이 바로 전도서라고 추정합니다. 비록 전도서 전체를 기록하지는 않았다 할지라도 그의 마지막 고백이 들어있는 것은 확실합니다. 그의 인생의 진짜 결산은 무엇이었을까요?

13

헛되고 헛된 인생의 결국

전도서 12장 1-2, 9-14절

¹너는 청년의 때에 너의 창조주를 기억하라 곧 곤고한 날이 이르기 전에, 나는 아무 낙이 없다고 할 해들이 가깝기 전에 ²해와 빛과 달과 별들이 어둡기 전에, 비 뒤에 구름이 다시 일어나기 전에 그리하라 … ⁹전도자는 지혜자이어서 여전히 백성에게 지식을 가르쳤고 또 깊이 생각하고 연구하여 잠언을 많이 지었으며 ¹⁰전도자는 힘써 아름다운 말들을 구하였나니 진리의 말씀들을 정직하게 기록하였느니라 ¹¹지혜자들의 말씀들은 찌르는 채찍들 같고 회중의 스승들의 말씀들은 잘 박힌 못 같으니 다 한 목자가 주신 바이니라 ¹²내 아들아 또 이것들로부터 경계를 받으라 많은 책들을 짓는 것은 끝이 없고 많이 공부하는 것은 몸을 피곤하게 하느니라 ¹³일의 결국을 다 들었으니 하나님을 경외하고 그의 명령들을 지킬지어다 이것이 모든 사람의 본분이니라 ¹⁴하나님은 모든 행위와 모든 은밀한 일을 선악 간에 심판하시리라

전도서 12장은 전도서의 결론을 기록하는 장입니다. 이 12장의 메시지를 기록한 사람이 누구인가를 둘러싸고 성경학자들 중에는 여러 논쟁이 있습니다. 솔로몬 자신이 기록한 것으로 생각하는 분들이 많으나, 대부분의 학자들은 솔로몬이 한 말에 후대(포로 후기)에 솔로몬을 연구한 사람들에 의해 다소간 첨부된 기록으로 보고 있습니다. 전도서 전체는 "해 아래에서"라는 말이 반복되고 있습니다. 해 아래에서 본 인생은 한마디로 헤벨(숨, 입김)같은 헛된 인생이라는 것입니다. 그러나 전도서 3장에서 본대로 이 헛된 인생을 사는 인간에게 하나님은 영원(올람/olam)을 사모하는 마음을 주셨다고 말합니다. 영원자를 만나 영원의 관점에서 인생을 살아갈 때 인생은 비로소 아름다운 인생, 가치있는 인생이 될 수 있다고 말합니다. 여기 전도자의 관점으로 본 두 가지 유형의 인생, 헤벨 인생과 올람 인생을 생각해 볼 수 있습니다.

　우선 전도서에는 해 아래에서 보는 허무주의적이고 쾌락주의적 인생관도 자주 피력되고 있지만 결국은 헛되다는 것입니다. 그래서 이 책을 시작하는 1장 2절에 헛되고 헛되다는 말씀이 이 책의 마지막 12장 8절에 다시 고백되고 있습니다.

이것이 바로 헛된 헤벨 인생에 대한 모든 것을 가져 보았고 모든 것을 누려 보았던 솔로몬 왕의 인생의 결론입니다. 이런 인생에서 솔로몬은 그에게 주어진 하늘의 지혜로 온갖 지도자들과 현인들을 만나보며 대화하고 진리를 탐구하였다고 말합니다.

"전도자는 지혜자이어서 여전히 백성에게 지식을 가르쳤고 또 깊이 생각하고 연구하여 잠언을 많이 지었으며"(전 12:9)

그런 솔로몬이 혹은 솔로몬을 연구한 이들이 내린 인생의 결론은 무엇일까요?

본문 13절은 이렇게 시작됩니다.

"일의 결국을 다 들었으니 …"

여기 결국이란 말이 히브리어로 소프(soph), 곧 결론(conclusion)입니다. 인생이란 무엇인가라는 명제로 설교해온 코헬렛(설교자, 전도자)이 내리는 인생의 결론은 무엇입니까? 전도자는 여기서 젊은이와 늙은이 모두를 대상으로 이 말씀을 주고 싶어합니다. 11장 9절에 "청년이여!" 한 것을 보면 전도자의 설교의 대상으로 청년을 의식하고 있었습니다. 그러나 12장 3-7절까지 노화 현상을 설명하며 5절에 "그런 자들은"이라고 하며 명백하게 늙어가는 사람들에게도 이 메시지가 들려지기를 소원하고 있는 것입니다. 헤벨 인생을 극복하고 올람 인생을 살기 위한 결론입니다. 인생을 거의 다 살아보고 난 전도자의 결론적 인생 권면은 무엇입니까?

1. 청년의 때에 만난 창조주를 평생 기억하라는 말씀입니다

청년의 때는 아직 우리가 악에 물들지 않고 순수한 선택이 가능한 시간이라고 하겠습니다. 전도서 11장 9절입니다.

청년이여 네 어린 때를 즐거워하며 네 청년의 날들을 마음에 기뻐하여 마음에 원하는 길들과 네 눈이 보는 대로 행하라 그러나 하나님이 이 모든 일로 말미암아 너를 심판하실 줄 알라

순수한 선택이 가능한 시간이지만 동시에 이성적 선택보다 청춘의 열정을 따르는 감성에 지배되는 선택에 기울어지는 시간이기도 합니다. 그래서 전도서의 기자는 이 청년의 때에 우리가 행한 모든 선택도 심판의 대상인 것을 기억해야 한다고 말하는 것입니다. 여기 전도서의 기자는 하나님을 창조주로 역설합니다. 우리를 만드신 하나님은 우리의 인생 전체를 인도하시는 하나님이십니다. 우리의 인생이 창조주 앞에 선한 인생으로 드려지기 위해서는 우리의 삶의 모든 과정이 그분의 인도아래 있어야 한다는 것입니다. 청년 시절의 우리의 결정은 우리의 노년기까지 영향을 끼칩니다. 청년 시절부터의 순간순간의 선택이 모여 노년기의 나의 인생의 품격을 만드는 것입니다. 그래서 노년기 곤고한 날이 이르기 전에 혹은 해와 빛과 달과 별들이 어두워지기 전에 혹은 비 뒤에 구름이 다시 일어나기 전에 곧 노년기에 우리의 인생에 어둠이 가라앉기 전에 창조주를 기억하는 삶을 살아야 한다고 말하는 것입니다.

미국의 사업가이며 시인이었고 휴머니스트인 사무엘 울만이 쓴 〈청춘〉(Youth)이란 유명한 시를 함께 기억하고 싶습니다.

청춘이란 인생의 어떤 한 시기가 아니라(Youth is not a time of life)
마음가짐을 뜻하나니(it is a state of mind.)
장미빛 볼, 붉은 입술, 부드러운 무릎이 아니라
풍부한 상상력과 왕성한 감수성과 의지력
그리고 인생의 깊은 샘에서 솟아나는 신선함을 뜻하나니

청춘이란 두려움을 물리치는 용기
안이함을 물리치는 모험심
그 탁월한 정신력을 뜻하나니
때로는 스무살 청년보다 예순 살 노인이 더 청춘일 수 있네
누구나 세월만으로 늙어가지 않고
이상을 잃어버릴 때 늙어가나니
…
영감이 끊기고 정신이 냉소의 눈에 덮이고
비탄의 얼음에 갇힐 때
그대는 스무살이라도 늙은이가 되네
그러나 머리를 높이 들고 희망의 물결을 붙잡는 한
그대는 여든 살이어도 푸른 청춘이네

그가 이 시를 쓸 때 그의 나이 78세였다고 합니다.
　내 인생의 알파인 봄철을 하나님과 함께 한 사람들은 내 인생의 오메

가인 겨울도 그와 함께 할 수 있습니다. 우리가 아직 청춘일 때 창조주 하나님을 만난 것을 감사하고 그를 우리 남은 생의 인도자로 기억하고 살아가십시다.

2. 곧 다가 올 인생의 황혼기를 대비하라는 말씀입니다

본문 3-6절은 인생의 노화 과정을 전도서의 기자가 탁월한 문장력으로 묘사한 대목입니다. 우선 3-5절까지를 보겠습니다.

"집을 지키는 자들이 떨 것이며(두 손 두 팔이 힘을 잃어버리는 모습을 뜻하는 것) 힘 있는 자들이 구부러질 것이며(허리가 굽는 모습) 맷돌질 하는 자들이 적으므로 그칠 것이며(치아가 빠지는 모습) 창들로 내다 보는 자가 어두워질 것이며(시력의 감퇴 과정, 노안) 길거리 문들이 닫혀질 것이며(청력 과정의 노화, 두 귀의 묘사) 새의 소리로 말미암아 일어날 것이며(노인들이 새벽잠이 없어지는 현상) 음악하는 여자들은 다 쇠하여 질 것이며(목소리가 노화되는 현상) 높은 곳을 두려워 할 것이며(고소공포증) 길에서는 놀랄 것이며(평정심을 상실한 걸음걸이) 살구나무가 꽃이 필 것이며(머리가 희어지는 노화 현상) 메뚜기도 짐이 될 것이며(무력증 현상) 정욕이 그치리니(성욕 상실) 이는 사람이 자기의 영원한 집으로 돌아가고 조문객들이 거리로 왕래하게 됨이니라"

다음 구절에서 은줄이 풀리고 금 그릇이 깨지고 항아리가 샘 곁에서 깨지고 바퀴가 우물 위에서 깨지고… 이것은 다 몸의 신경과 근육이상이나 심장기능의 무력화 현상을 보여주는 표현으로 보여집니다.

이제 7절에서 전도자는 우리 모두가 맞이할 인생의 결국을 선언합니다.

흙은 여전히 땅으로 돌아가고 영은 그것을 주신 하나님께로 돌아가기 전에 기억하라

그렇습니다. 창세기에 보면 하나님이 인생을 처음 만드실 때 흙을 인간의 모습으로 빚으신 다음 당신의 생기를 불어 넣으셨습니다. 그래서 육체는 삶이 다하면 흙으로 돌아가는 것입니다. 그러나 우리의 영혼이 된 하나님의 생기는 그 본래의 원천인 하나님에게로 돌아가는 것입니다. 그래서 우리나라에서는 예로부터 어르신네들이 사망하면 '돌아가셨다'고 말해 왔습니다. 그렇습니다. 죽음은 돌아가는 것입니다. 하나님에게로 돌아가는 것입니다. 5절에서는 "자기의 영원한 집으로 돌아가고 조문객들이 거리로 왕래하게 됨이니라"고 했습니다. 돌아갈 준비가 안 된 모든 인생의 결국은 8절의 전도자의 말을 동의하게 될 것입니다.

전도자가 이르되 헛되고 헛되도다 모든 것이 헛되도다

아침에 일어나 우리는 하루의 일과를 시작하면서 한 날의 시간을 주신 것을 감사하지만 하루가 얼마나 빠르게 지나가는가를 느낄 때 인생의 허무가 느껴지지 않습니까? 그런데 하룻길 같은 인생, 인생 백년을 살아도 지나온 세월 돌이켜 보면 하룻길에 지나지 않는 것을 느끼게 됩니다. 그렇다면 우리는 아침을 시작하면서 후회 없는 황혼을 준비할 줄 알아야 합니다. 그리고 그 황혼은 또한 영원으로 이어지는 하나님의 시간, 올람임을 기억하셔야 합니다. 올람을 바라보며 헤벨의 허무를 극복하셔야 합니다. 전도서 1장 14절의 말씀을 기억합시다.

"내가 해 아래에서 행하는 모든 일을 보았노라 보라 모두 다 헛되어 바

람을 잡으려는 것이로다"

바람 잡는 허무의 인생, 이것이 헤벨 인생입니다. 헤벨 인생을 사시겠습니까? 아니면 올람 인생을 사시겠습니까?

3. 진리의 말씀을 따라
하나님을 경외하라는 말씀입니다

우선 본문 10절에서의 전도자의 고백을 들어보십시오.

"전도자는 힘써 아름다운 말들을 구하였나니 진리의 말씀들을 정직하게 기록하였느니라"

이런 진리의 말씀이 가르쳐준 역할을 11절에서 어떻게 증언합니까?

"지혜자들의 말씀들은 찌르는 채찍들 같고 회중의 스승들의 말씀들은 잘 박힌 못 같으니 다 한 목자가 주신 바이니라"

성경 진리의 말씀은 때로는 찌르는 채찍처럼 우리의 양심을 책망하기도 하고 때로는 잘 박힌 못처럼 심비에 새겨 우리를 반성의 자리로 인도하기도 합니다. 이것은 다 한 목자 하나님이 주신 진리의 말씀입니다. 때로는 지혜자를 통해서 때로는 스승들을 통해서 누구를 통해서 전달되었던지 진리의 말씀은 말씀을 순종하는 자들을 유익하게 할 것입니다. 12절에서 전도자는 책을 짓는 것도, 많이 공부하는 것도 결국 경계를 받지 못하면 유익이 없음을 다시 강조합니다. 문제의 핵심은 경계를 받는 것입니다.

"내 아들아 또 이것들로부터 경계를 받으라 많은 책들을 짓는 것은 끝이 없고 많이 공부하는 것은 몸을 피곤하게 하느니라"

이제 헛되고 헛된 인생의 결론을 전도서의 기자는 전달합니다. 13절 말씀입니다.

일의 결국을 다 들었으니 하나님을 경외하고 그의 명령들을 지킬지어다 이것이 모든 사람의 본분이니라

여기 사용된 단어 결국은 결론이라는 말입니다. 헛되고 헛된 인생의 결론은 하나입니다. 하나님을 경외하고 그 명령을 지키는 삶을 사는 것입니다. 묵상에 관한 수많은 책들이 있지만 단연 전 세계적으로 가장 큰 영향을 끼친 책이 있다면 오스왈드 챔버스의 《주님은 나의 최고봉》(My Utmost for His Highest, 토기장이, 스데반 황 역)일 것입니다. 그는 청년 시절 예술가로 살기를 원해 영국에서 예술대학에 진학했지만 왠지 만족이 없었습니다. 그는 스펄전 목사의 설교의 영향으로 하나님의 부르심을 느끼고 회심한 후 청년 사역에 헌신합니다. 그는 성경공부에 심취한 후 밤을 새는 일이 많았고 그가 깨달은 진리를 청년들에게 전하면서 삶의 희열을 느꼈다고 합니다. 마침 세계 제1차 대전이 일어났던 때 그는 복음의 황금어장인 군인들에게 복음을 전하기 위해 YMCA소속 목사로 군목을 자원하여 이집트 자이툰 부대로 떠납니다. 떠나기 전에 결혼하여 아내 비디 챔버스와 사이에 딸 하나를 두었는데 먼저 남편을 전쟁터에 보낸 아내는 기도하다가 후일 4살 난 딸을 데리고 전쟁터로 합류합니다. 아내 비디는 탁월한 속기사였는데 남편이 설교할 때마다 모든 원고를 적어 두었습니다. 남편은 43세에 맹장수술 후 세상을 떠났는데 그가 마지막 열정을 불태우며 군대에서 설교한 모든 원고는 아내로 인하여 고스란히 남아 세계 기독교 영성의 역사에 큰 영향을 끼치게 됩니다.

그런데 이집트 전장에서 군인들에게 챔버스가 마지막 설교를 한 것이 전도서였습니다. 그는 12장까지 못하고 11장으로 인생을 마무리하게 됩니다. 그는 청년들에게 전도서 11장 9절을 읽어주었습니다.

청년이여 네 어린 때를 즐거워하며 네 청년의 날들을 마음에 기뻐하여 마음에 원하는 길들과 네 눈이 보는 대로 행하라 그러나 하나님이 이 모든 일로 말미암아 너를 심판하실 줄 알라

그는 이어 이렇게 설교합니다.

"여기서 심판한다는 말은 당신의 숨은 죄악을 일일이 찾아내어 벌 주신다는 의미가 아닙니다. 하나님을 향한 마음이 커질수록 당신의 책임 역시 커지는데 후회 없이 그 책임을 다하고 그 책임에 집중할 줄 알아야 한다는 것입니다. 방탕으로 낭비하기에 인생은 너무나 소중한 것입니다. 당신의 사랑과 신앙 그리고 미래를 위해 모험을 시작하십시오."

그의 마지막 설교의 결론입니다.

"청년이여! 안일함과 무책임한 과거로 돌아가려는 다리를 불태워 버리십시오. 더 넓고 더 깊고 높은 삶을 위해 계속 전진하십시오."

솔로몬이 강조한 하나님을 경외하는 미래로 나아가도록 도전하는 것으로 그는 인생을 마칩니다. 그의 마지막 기도는 "하늘의 문을 여소서. 이곳에 임하소서."였습니다. 마지막까지 그는 주의 임재를 사모했고 그를 경외함으로 인생을 마무리하고자 한 것입니다.

14

잠언, 솔로몬 왕의 위대한 유산

잠언 1장 1-7절

¹다윗의 아들 이스라엘 왕 솔로몬의 잠언이라 ²이는 지혜와 훈계를 알게 하며 명철의 말씀을 깨닫게 하며 ³지혜롭게, 공의롭게, 정의롭게, 정직하게 행할 일에 대하여 훈계를 받게 하며 ⁴어리석은 자를 슬기롭게 하며 젊은 자에게 지식과 근신함을 주기 위한 것이니 ⁵지혜 있는 자는 듣고 학식이 더할 것이요 명철한 자는 지략을 얻을 것이라 ⁶잠언과 비유와 지혜 있는 자의 말과 그 오묘한 말을 깨달으리라 ⁷여호와를 경외하는 것이 지식의 근본이거늘 미련한 자는 지혜와 훈계를 멸시하느니라

잠언 1장 1절은 이렇게 시작됩니다.

다윗의 아들, 이스라엘 왕 솔로몬의 잠언이라

잠언은 솔로몬 왕이 인류 역사에 남긴 가장 위대한 인류의 지혜로운 가르침의 유산입니다. 물론 잠언에는 솔로몬 왕이 아닌 다른 저자들도 있습니다. 예컨대 잠언 30장의 표제에는 〈아굴의 잠언〉이라고 되어 있고, 31장에는 〈르무엘 왕을 훈계한 잠언〉이라고 되어 있습니다. 그럼에도 불구하고 잠언서의 대표 저자는 솔로몬입니다. 솔로몬 왕은 인류 역사상 가장 지혜로운 사람으로 알려졌고 그의 영향은 세계적이었습니다. 열왕기상 4장 29-34절은 그의 지혜가 미친 세계적 영향을 증언하고 있습니다.

"하나님이 솔로몬에게 지혜와 총명을 심히 많이 주시고 또 넓은 마음을 주시되 바닷가의 모래같이 하시니"(왕상 4:29)

"솔로몬의 지혜가 동쪽 모든 사람의 지혜와 애굽의 모든 지혜보다 뛰어난지라"(왕상 4:30)

"그는 모든 사람보다 지혜로워서 … 그의 이름이 사방 모든 나라에 들

렸더라"(왕상 4:31)

"그가 잠언 삼천 가지를 말하였고 그의 노래는 천다섯 편이며"(왕상 4:32)

"그가 또 초목에 대하여 말하되 레바논의 백향목으로부터 담에 나는 우슬초까지 하고 그가 또 짐승과 새와 기어다니는 것과 물고기에 대하여 말한지라"(왕상 4:33)

문자 그대로 그는 만물 박사였습니다. 이제 4장 34절을 보십시오.

"사람들이 솔로몬의 지혜를 들으려고 왔으니 이는 그의 지혜의 소문을 들은 천하 모든 왕들이 보낸 자들이더라"

그러니까 잠언에 솔로몬 왕이 아닌 다른 저자들도 포함되어 있지만 그들은 모두 솔로몬의 영향을 받은 현자들이라고 할 수 있습니다. 따라서 일부 솔로몬 저작이 아닌 글이 있어도 여전히 솔로몬은 잠언의 대표 저자라고 할 수 있습니다. 많은 성서학자들은 이스라엘 백성이 바벨론에서 귀환한 후 솔로몬 왕과 그 밖의 현자들의 글을 모아 편집된 책이 잠언이라고 생각합니다. 예컨대 잠언 25장 1절을 보면 "이것도 솔로몬의 잠언이요 유다 왕 히스기야의 신하들이 편집한 것이니라"라고 기록되어 있는 것을 보면 대부분 솔로몬의 글을 중심으로 편집하여 솔로몬 왕의 이름으로 솔로몬에게 바쳐진 인류의 지혜의 보고라고 할 수 있습니다. 대부분 길지 않은 금언과 격언, 우화, 수수께끼, 짧은 이야기 형식으로 지루하지 않게 우리의 관심을 끌어 하늘의 지혜를 땅의 양식으로 전달하고 있는 것입니다. 잠언 1장 1-7절은 잠언의 서론으로 잠언서의 성격, 잠언서의 교훈의 대상, 잠언서 기록의 궁극적 목적을 전달하고 있습니다.

이는 지혜와 훈계를 알게 하며 명철의 말씀을 깨닫게 하며(잠 1:2)

여기 잠언서의 말씀의 성격을 볼 수 있습니다.

첫째로, 잠언은 지혜의 말씀입니다.

여기 사용된 지혜는 잠언서의 가장 중요한 단어로 히브리어로 '호크마'(chokma/ wisdom)라고 하는데 삶을 올바르게 살아가게 하는 지식이나 기술을 뜻하는 말입니다. 이 단어는 두뇌에 새겨지는 정보 이상의 것이고 도덕적 지침 이상의 것으로 하나님으로부터 주어지는 선물로써 실제적 삶에서 하나님의 뜻을 이루게 하는 지식을 뜻하는 말입니다. 야고보서 3장 17절에 보면 "오직 위로부터 난 지혜는 첫째 성결하고 다음에 화평하고 관용하고 양순하며 긍휼과 선한 열매가 가득하고 편견과 거짓이 없나니"라고 말합니다. 이런 지혜가 주어지도록 기도합시다.

둘째로, 잠언은 훈계의 말씀입니다.

여기 훈계라는 말은 히브리어로 '무짜르'(musar), 영어로는 discipline, correction, 또는 instruction으로 번역되는데 '구체적 오류를 예방하기 위한 가르침'을 뜻하는 말입니다. 적극적 교훈으로서의 지혜와 소극적 예방 지침으로서의 훈계는 항상 성경적 교훈의 양 날개와 같은 것입니다. 죄인의 속성을 가지고 태어나는 인간에게 부패한 본능이 존재하기 때문에 자신을 지키기 위해서도 훈계를 받을 줄 알아야 하는 것입니다. 잠언은 바로 이런 훈계의 말씀을 가지고 우리가 부패의 수렁에 빠지지 않도록 우리를 경계하는 것입니다.

셋째로, 잠언은 명철의 말씀입니다.

여기 명철은 히브리어로 '비냐'(binya)인데 영어로 prudence 또는 understanding으로 선과 악을 분별하여 알 수 있는 insight를 뜻하는 말입니다. 지혜와 훈계 위에서 우리는 매일의 삶에서 부딪히는 여러 사건의 배후의 선한 의도와 악한 의도를 분별할 필요를 느낍니다. 성경은 잠언의 교훈이 바로 우리에게 이런 의도를 분별하게 해 준다고 가르칩니다. 오늘 우리가 살고 있는 시대는 선과 악의 경계선이 무너진 시대입니다. 그래서 이런 도덕적 분별이 더더욱 필요한 것입니다.

잠언 1장 3절의 말씀은 이런 잠언의 말씀 곧 지혜와 훈계와 명철의 말씀을 가지고 살아갈 때의 유익을 말합니다. "지혜롭게, 공의롭게, 정의롭게, 정직하게 행할 일에 대하여 훈계를 받게 하며"라고 말합니다. 이 잠언서의 말씀을 붙들고 살아갈 때 우리는 지혜롭게 행하게 되고, 공의롭게 행하게 되고, 정의롭게 행하게 되고, 그리고 정직하게 행하게 된다는 것입니다. 지혜를 상실한 시대, 공의와 정의가 사라진 시대, 그리고 정직을 찾아볼 수 없는 오늘 같은 시대에 이런 잠언은 얼마나 필요한 책입니까?

도산 안창호 선생은 대한제국의 말기와 첫 미국 이민을 간 동포들의 삶의 현실에서 우리 민족이 거짓말을 쉽게 하는 것, 불의하고 부정직한 것, 이 세 가지를 고치지 못하면 미래가 없다고 판단했습니다. 그가 선교사들에게 성경을 배우고 기독교와 신학문을 배우면서 그는 무엇보다 이 세 가지를 고치는 민족이 되게 하겠다고 결심합니다. "거짓이여, 너는 내 나라를 죽인 원수로다. 내 평생에 죽어도 다시는 거짓말을 아니하리로다."고 결심합니다. "그대는 나라를 사랑하는가? 그러면 먼저 그대가 건전한 인격이 되어야 한다. 정직과 성실을 바탕으로 한 신뢰할 만한 인격의 사람이 되자! 우리는 무엇보다 세계열강 앞에서 인격의 힘을 길러야 한다."고 외쳤습니다. 성경의 가르침이 그에게 이런 건전한 인격의 영향을 가져다 준 것입니다.

    2. 잠언을 받을 대상

이 잠언서의 서론에서는 잠언의 가르침을 받을 세 가지 대상에 대하여 언급합니다.
누가 잠언을 읽어야 하는가? 세 가지 유형의 사람들이 그 대상으로 등장합니다.

첫 번째는, 어리석은 자입니다.
본문 4절에 보면 먼저 어리석은 자를 언급합니다. 그리고 잠언의 지혜와 훈계는 어리석은 자를 슬기롭게 한다고 말합니다. 과연 어리석은 자가 잠언을 읽는다고 슬기롭게 될까요? 요즈음 우리는 건강에 민감한 시대를 살면서 무엇을 먹고 사느냐에 예민한 반응을 보이고 있습니다. 영어에 "You are what you eat."이란 말이 있습니다. "당신이 먹는 것이 곧 당신이다.", 곧 우리가 먹는 것이 우리를 만든다는 말입니다. 다시 말하면 우리의 input이 output을 만든다는 것입니다. 예레미야 15장 16절을 기억하십니까? "만군의 하나님 여호와시여 나는 주의 이름으로 일

컬음을 받는 자라 내가 주의 말씀을 얻어 먹었사오니 주의 말씀은 내게 기쁨과 내 마음의 즐거움이오나"라고 고백합니다. 우리가 잠언의 지혜의 말씀을 날마다 얻어먹으면 그 말씀이 우리를 만들지 않겠습니까? 지혜의 말씀을 먹으면 지혜로운 인격, 지혜로운 품격이 빚어지지 않겠습니까?

우리가 어리석은 자가 되는 것은 어리석은 양식 곧 건강하지 못한 양식을 먹고 살기 때문입니다. 우리에게 도움이 안 되는 유해 식품만을 우리가 늘 찾아 먹는다면, 예를 들어 가끔 먹는 라면은 즐겁지만 늘 라면만을 먹는다면 건강이 어떻게 되겠습니까? 최근 성장하는 이 땅의 젊은이들에게 정신적으로 가장 유해한 것이 포르노 중독, 음란물 중독이라고 합니다. 우리가 음란물에 중독되어 음란물만을 계속 보면 우리의 뇌는 음란물 외에 대인관계, 학문, 연애, 운동 등에 기쁨을 느끼지 못하는 존재가 된다고 합니다. 중독은 우리가 중독된 것 외에 다른 일에 반응을 못하는 존재를 만드는 것입니다. 우리가 슬기로운 인생을 살려면 어리석은 삶의 스타일을 벗어야 합니다.

두 번째는, 젊은 자입니다.

여기서 젊은 자는 아직 성숙하지 못한 자를 가리키는 말입니다. 성숙하지 못한 자야 말로 올바른 지침으로 인도를 받을 필요가 있습니다. 오늘의 잠언은 본문 4절에서 젊은 자가 성숙하기 위한 두 가지 지침을 언급합니다. 지식과 근신함입니다. 여기서 지식은 '다아트'(daath)로 성숙에 필요한 당연히 알아야 할 것을 아는 것입니다. 근신함은 히브리어로 '메지마'(mezimmah) 혹은 '무짐마'로 악한 생각이나 악한 계교를 분별하는 것,

영어로 discretion으로 번역됩니다. 우리의 미성숙은 무분별을 뜻하는 것입니다. 그래서 미성숙한 젊음들은 잠언의 말씀으로 지식과 근신함의 교훈을 받아야 합니다.

세 번째는, 지혜 있는 자입니다.
그렇다면 잠언은 어리석은 자와 미성숙한 자에게만 필요한 것일까요? 아닙니다. 지혜 있는 자에게도 잠언은 여전히 필요합니다. 왜냐고요? 5절 말씀을 보시기 바랍니다.

지혜 있는 자는 듣고 학식이 더할 것이요 명철한 자는 지략을 얻을 것이라

여기서 학식은 히브리어에 '레카흐'(leqach)로 삶의 원리를 뜻하는 말이지만 지략, '타흐블로트'(tachblot)는 배의 운전 장치에서 키 같은 방향타를 의미합니다. 곧잘 영어의 guidance같은 말로 번역됩니다. 지혜 있고 명철 있는 자들은 이 잠언의 말씀으로 더욱 확실한 삶의 인도를 받게 된다는 말입니다. 그렇다면 지혜 있고 명철한 사람들은 더더욱 잠언의 교훈이 필요하지 않겠습니까? 이 지혜로운 자들과 명철한 자들이 잠언을 가까이하며 얻는 축복을 6절에서는 어떻게 말합니까?

"잠언과 비유와 지혜 있는 자의 말과 그 오묘한 말을 깨달으리라"

성경의 모든 말씀은 오묘하고 신비한 것입니다. 그런데 이런 말씀을 깨닫는 순간 그 말씀은 우리의 말씀으로, 나를 위한 말씀이 되는 것입니다. 삼손의 수수께끼가 풀리듯, 그리고 스바 여왕의 물음에 솔로몬이 신묘하게 대답하듯 인생의 문제가 한순간에 빛 가운데 해답을 얻게 되는 것입니다. 신약에서는 이런 경우를 레마의 말씀이라고 합니다. 그때부터

이 말씀은 우리를 인도하는 빛이 되는 것입니다.

3. 잠언의 목적

본문의 7절이 바로 잠언서 전체의 기록의 목적을 보여줍니다. 잠언서의 교훈들은 일상적이고 실천적인 삶의 도움을 제공합니다. 잠언서의 교훈은 모든 진지하게 인생을 살고자 하는 사람들에게 도덕적 나침반을 제공하기도 합니다. 그러나 잠언서 기록의 가장 중요한 목적은 거기서 끝나지 않습니다. 이 목적을 망각하면 잠언서의 정경성은 의미를 상실합니다. 여기서 끝난다면 다른 종교의 도덕적 교훈과 크게 다르지 않다고 느낄 것입니다. 그래서 7절이 중요합니다. 그래서 잠언서에서 여러 번 이 말씀이 반복됩니다. 자, 무슨 말씀입니까?

> 여호와를 경외하는 것이 지식의 근본이거늘 미련한 자는 지혜와 훈계를 멸시하느니라

여기 '여호와를 경외함'이란 단어가 명사형으로 11회, 동사형으로 4회나 잠언에 등장합니다. 지식의 '근본'이라고 할 때 원어는 '레쉬트'(reshith)인데 시작(beginning)이란 뜻이고 때로는 본질이란 뜻을 갖습니다.

어떤 일을 할 때 시작이 잘못되면 그 후 모든 것이 잘못됩니다. 여호와 하나님을 경외함이 모든 지식의 시작입니다. 그는 하나님의 지혜와 훈계를 따라 살고자 합니다. 그러나 미련한 자는 지혜와 훈계를 멸시합니다. 하나님을 경외함이 없기 때문입니다. 1장 29절에 그와 같은 자들은 "지

식을 미워하며 여호와 경외하기를 즐거워하지 아니하며"라고 말합니다. 전도자 빌리 그래함이 하나님의 사역에 헌신했을 때 그는 매일 잠언 1장 시편 5장을 읽기로 결심했다고 합니다. 그리고 매일, 매월, 하나님의 놀라운 인도를 경험하게 되었다고 합니다. 오늘 잠언, 이 위대한 솔로몬의 선물을 당신은 어떻게 하시겠습니까? 잠언과 함께 지혜로운 삶의 여정을 시작하시겠습니까?

15

보배를 찾듯 지혜를 찾으라

잠언 2장 1-9절

¹내 아들아 네가 만일 나의 말을 받으며 나의 계명을 네게 간직하며 ²네 귀를 지혜에 기울이며 네 마음을 명철에 두며 ³지식을 불러 구하며 명철을 얻으려고 소리를 높이며 ⁴은을 구하는 것 같이 그것을 구하며 감추어진 보배를 찾는 것 같이 그것을 찾으면 ⁵여호와 경외하기를 깨달으며 하나님을 알게 되리니 ⁶대저 여호와는 지혜를 주시며 지식과 명철을 그 입에서 내심이며 ⁷그는 정직한 자를 위하여 완전한 지혜를 예비하시며 행실이 온전한 자에게 방패가 되시나니 ⁸대저 그는 정의의 길을 보호하시며 그의 성도들의 길을 보전하려 하심이니라 ⁹그런즉 네가 공의와 정의와 정직 곧 모든 선한 길을 깨달을 것이라

우리는 모두 어린 시절 소풍 가서 보물찾기를 한 추억들이 있습니다. 이 보물찾기 게임이 성공적이 되려면 몇 가지 전제 조건이 있습니다. 우선 보물이 값비싼 좋은 선물이어야 미리 발표를 하면 동기부여가 되어 열심히 찾게 된다는 것입니다. 보물이 보물다워야 보물찾기에 도전할만 하지 않겠습니까? 그리고 또 하나는 그 게임이 재미가 있으려면 찾는 것이 쉽지 않아야 게임의 흥미가 더해진다는 것입니다. 그래서 보물찾기 주최 측에서는 머리를 써서 풀숲에 혹은 기둥 사이 틈 속에 혹은 아무도 생각 못한 평범한 테이블이나 돌 밑에 숨겨 두기도 합니다. 그리고 하나 더 흥미로운 보물찾기 게임에는 이따금씩 보물 종이를 찾았는데 '꽝'이 있어서 허탈해 하는 재미가 있어야 한다는 것입니다. 저는 보물찾기를 하면 주로 꽝을 많이 뽑아 보물찾기와는 인연이 없다는 생각을 많이 했었습니다.

> 은을 구하는 것 같이 그것(지혜)을 구하며 감추어진 보배를 찾는 것 같이 그것을 찾으면(잠 2:4)

여기 잠언 기자는 성경의 지혜 '호크마'(chokma)를 당시 사람들이 가장 귀히 여기던 금과 은에 비교하고 있습니다. 그래서 금은보배를 찾듯 지혜를 찾으라고 명하는 것입니다. 보물찾기에 노력이 필요한 것처럼 지혜를 찾음에도 우리의 노력이 요청된다는 것입니다. 그런데 사실 성경은 지혜를 하나님의 선물로 내려 주신다는 것입니다. 선물 받는 데는 사실 노력이 필요 없어 보입니다. 그럼에도 불구하고 성경은 지혜는 선물이면서도 이 선물을 찾는 일에 여전히 우리의 노력을 요청한다는 것입니다. 하나님은 일단 지혜를 선물로 인생에게 허락하시면서도 노력하는 인생들이 지혜를 소유하게 하신 것이라고 할 수 있습니다. 오늘 우리는 잠언 2장을 통해 지혜를 어떻게 찾는가와 지혜를 찾은 결과를 보도록 하겠습니다. 먼저 지혜를 어떻게 찾는지를 알아보겠습니다.

1. 지혜를 찾는 방편들

지혜를 찾는 네 개의 과정이 기록됩니다.

첫째로, 지혜의 말씀을 받으라는 것입니다.

내 아들아 네가 만일 나의 말을 받으며 나의 계명을 네게 간직하며(잠 2:1)

여기 지혜의 말씀을 받으라는 말은 영어로는 accept 혹은 receive라는 말로 번역됩니다. 상대의 선의를 인정하고 긍정적으로 겸손하게 선물을 받듯 받으라는 것입니다. 이 선물 곧 계명의 말씀을 잘 간직하라고 말합니다. 영어 번역에는 창고에 잘 쌓아올리듯 store up하라고 말합니다. treasure up이라고 보물 창고에 보물을 간직하듯 잘 받아 보관하여야 한다고 번역되기도 합니다. 우리가 설교를 잘 듣는 것으로 충분하지 않다는 것입니다. 심지어 열심히 성경을 읽는 것만으로도 충분하지 않다는 것입니다. 시편 119편 11절의 말씀을 기억하십니까?

"내가 주께 범죄하지 아니하려 하여 주의 말씀을 내 마음에 두었나이다"

그렇게 말씀을 마음에 두는 것이 필요하다는 것입니다. 말씀을 마음에 간직하도록 받아야 한다는 것입니다.

둘째로, 지혜의 말씀에 귀를 기울이라는 것입니다.

네 귀를 지혜에 기울이며 네 마음을 명철에 두며(잠 2:2)

여기 네 귀를 지혜에 기울이라는 말은 의도적 경청을 강조하는 말입니다. 우리는 대부분 우리의 이웃들이 하는 말을 한쪽 귀로 듣고 다른 쪽 귀로 흘립니다. 그래서 그 말들이 우리 마음에 남지를 않습니다. 그런데 우리에게 두 개의 귀를 주신 이유는 긴장하고 한 귀가 놓칠지라도 다른 귀로 이 말씀을 붙들어야 하기 때문입니다. 그리하여 하나님의 말씀을 들을 때에는 '의지적으로, 의도적으로 귀를 기울여 경청해야 한다'고 말씀하는 것입니다. 영어로 making your ear attentive입니다. 여기서 'attention!'이라는 군대 술어가 나옵니다. '주목!'하라는 말입니다. '집중!'하라는 말입니다. 어린 사무엘처럼 고백할 수 있어야 합니다. 사무엘상 3장 10절입니다.

"사무엘이 이르되 말씀하옵소서 주의 종이 듣겠나이다"

그다음 사무엘상 3장 11절을 보십시오.

"여호와께서 사무엘에게 이르시되 보라 내가 이스라엘 중에 한 일을 행하리니 그것을 듣는 자마다 두 귀를 울리리라"

무엇이라 하십니까? 네 두 귀가 울릴 것이라고 말씀하십니다. 두 귀가 울리도록 경청하십시오!

셋째로, 지혜의 말씀에 적극적인 반응을 하라는 것입니다.

지식을 불러 구하며 명철을 얻으려고 소리를 높이며(잠 2:3)

그런데 여기 소리를 높인다는 말이 처음 나온 말이 아닙니다. 이미 1장 20절에서 나온 말입니다. "지혜가 길거리에서 부르며 광장에서 소리를 높이며"라고 했습니다. 지혜가 소리를 높여 우리를 찾고 있는 모습입니다. 그런데 2장 3절에는 우리도 이 지혜, 이 지식, 이 명철을 얻기 위해 소리를 높여야 한다는 것입니다. 지혜가 우리를 찾고 있고 우리도 지혜를 찾아야 한다는 말입니다. 지혜와 우리 인간 상호간에 적극적인 상호 교감을 강조한 말입니다. 지혜의 추구는 결코 소극적이어서는 안 된다는 것입니다. 구도의 적극적 태도를 강조한 말입니다. 예수님도 "구하라. 찾으라. 문을 두드리라."고 말씀하십니다. 본래 이 말씀의 원래 의미는 계속해서 구하라(keep on asking), 계속하여 찾으라(keep on seeking), 계속해서 문을 두드리라(keep on knocking)라는 의미입니다. 지속적인 구도를 통해서만 지혜의 소유자가 될 것을 언약하시는 말씀입니다.

마지막으로, 지혜의 말씀을 가장 소중한 보물로 소유하라는 것입니다.

은을 구하는 것 같이 그것을 구하며 감추어진 보배를 찾는 것 같이 그것을 찾으면(잠 2:4)

이것은 놀라운 가치를 발견한 사람이 그 가치에 상응하는 노력을 보이는 결과를 뜻하는 말입니다. 예수님의 천국 비유가 생각나지 않으십니까? 마태복음 13장 44절의 말씀을 보십시오.

"천국은 마치 밭에 감추인 보화와 같으니 사람이 이를 발견한 후 숨겨두고 기뻐하며 돌아가서 자기의 소유를 다 팔아 그 밭을 사느니라"

밭에 감추인 보배를 발견한 이 사람의 결단이 무엇입니까? 모든 소유를 팔아 그 보배가 숨겨진 밭을 사들인 것입니다. 열왕기상 3장에서 솔로몬 왕이 하나님의 "네가 내게 무엇을 구하느냐?"는 질문에 선악을 분별하는 지혜를 구하였을 때 하나님이 얼마나 기뻐하셨는지 기억하십니까?

"오직 송사를 듣고 분별하는 지혜를 구하였으니"(왕상 3:11)

3장 13절의 하나님의 말씀도 기억합시다.

"내가 또 네가 구하지 아니한 부귀와 영광도 네게 주노니 네 평생에 왕들 중에 너와 같은 자가 없을 것이라"

그는 지혜가 어떤 금은보화보다 소중한 가치를 지닌 것을 알았던 것입니다. 솔로몬처럼 가장 좋은 것을 소유할 줄 아는 자가 됩시다. 우리가 소유할 수 있는 모든 보물 중에 가장 소중하게 소유할 것, 바로 하늘의 지혜입니다.

여기 잠언 2장은 '만일'이라는 가정법으로 시작하고 있음을 기억하십시오.

"내 아들아 네가 만일 나의 말을 받으며 나의 계명을 네게 간직하며"
(잠 2:1)

여기 'If'(만약)라는 접속사는 3-4절에도 계속 출현합니다. 그리고 그 '만일'의 명령에 순종한 결과 'Then'(그러면)이라는 말이 5절 이하에 나옵니다. 지혜의 말씀을 받고, 귀를 기울이고, 적극적으로 반응하고 가치를 따라 가장 좋은 것을 추구한 결과를 두 가지로 요약합니다.

첫 번째는, 여호와를 경외하는 삶을 살게 됩니다.

여호와 경외하기를 깨달으며 하나님을 알게 되리니(잠2:5)

여기서 여호와(야훼)는 언약을 지키시는 신실하신 하나님이십니다. 우리가 그 하나님을 경외하는 삶을 살게 되는 놀라운 축복이 따라옵니다. 잠언이 약속하는 최고의 삶, 그것이 바로 여호와를 경외하는 인생입니다. 그것이 최고의 지혜, 최고의 지식을 추구한 인생입니다. 이런 사람들에게 부수적으로 약속된 것이 하나님을 알게 되는 인생을 살아간다는 것입니다. 여기서 하나님은 엘로힘의 신, 전능하시고 전지하신 초월자 하나님이십니다. 창세기 1장에 만물을 창조하신 바로 그 하나님이십니다. 그리고 여기 알게 된다는 말은 히브리어 '마짜'(matsa)인데 경험해서 발견하게 된다는 뜻입니다. 이 세상에 하나님 경험처럼 설레는 경험이 있을까요? 그것은 하루아침에 이루어지는 것이 아닙니다. 평생의 모험으로 발견하는 지식입니다.

제가 개인적으로 만난 신학자 중에 지금은 고인이 되신 영국 출신의 제임스 패커(James Packer)라는 분이 있습니다. 그는 제가 미국에서 첫 유학을 한 성경 대학에 젊은 신학자(30대 초반)로 와서 사경회를 인도한 적이 있습니다. 그때 그는 자기 인생이 성숙의 절정에 도달하면 쓰고 싶은 책이 있다고 했습니다. 그 책의 제목은 'Knowing God'이 될 것이라고 하였습니다. 지금 그가 그런 책을 쓸 수 없는 이유는 젊은 그는 현재 '이론적으로만 하나님에 대하여'(knowing about God) 책을 쓰게 될 것이라고 그런데 그가 좀 더 성숙하면 그는 하나님을 직접적으로 더 경험하고 쓸 것이기 때문에 이론적이 아닌 보다 전인적인 책이 될 것이라고 하였습니다. 그런데 한 17년 지나 책방에 갔더니 그가 쓴 책이 나왔습니다. 《Knowing God》이란 제목으로 말입니다. 한국어로 《하나님에 대한 지식》(IVP, 정옥배 역)이란 제목으로 출간되었습니다. 40대 후반에 그는 이 책을 썼고 94세를 일기로 세상을 떠났습니다. 그는 이 책을 자신의 대표 저작으로 사랑했습니다. 하나님을 알아가는 일, 그리스도인으로서 그보다 더 중요한 인생의 숙제가 어디에 있겠습니까? 그런데 잠언서의 지혜가 바로 이 숙제를 풀어가는 일에 큰 도움을 제공한다는 사실입니다.

두 번째는, 선한 인생길을 온전히 걷게 되는 삶을 살게 됩니다.
하나님을 경외하는 삶, 다음으로 중요한 것이 무엇이겠습니까?
본문 7-8절의 말씀을 보십시오.

그는 정직한 자를 위하여 완전한 지혜를 예비하시며 행실이 온전한 자에

게 방패가 되시나니 대저 그는 정의의 길을 보호하시며 그의 성도들의 길을 보전하려 하심이니라

마지막 9절의 약속의 말씀을 기억합시다.

그런즉 네가 공의와 정의와 정직 곧 모든 선한 길을 깨달을 것이라

바울의 기도 중에 빌립보서 1장 10절에 보면 "너희로 지극히 선한 것을 분별하며 또 진실하여 허물 없이 그리스도의 날까지 이르고"라는 소원의 기도가 있습니다. 선한 것을 분별하여 선한 인생의 길을 걷기를 소원한 것입니다. 그 길은 또한 공의의 길, 정의의 길, 정직한 길이었습니다.

이런 인생의 길을 걸으신 분으로 영등포교회의 원로목사이셨던 방지일 목사님이 종종 생각납니다. 영등포교회는 원로목사가 두 분이셨는데 젊은 원로 김승옥 목사님이 늙은 원로 방지일 목사님을 늘 모시고 집회에 다니셨습니다. 우리 교회 특별 강사로 초청했을 때(당시 101세)에도 젊은 원로 목사님이 모시고 오셨습니다. 강단에 의자를 준비하고 앉아서 하시라고 했는데 서서 1시간을 설교하셨습니다. 목사님은 중국 선교사로 20년 이상 봉직하셨고 영등포교회 목회를 하시면서도 평생 월요 교역자 성경 공부 모임(보물캐기)을 인도하셨습니다. 그를 통해 성경 지도를 받고 따르던 목사님들이 2천여 명이 넘었다고 합니다. 목사님은 신구약 성경강해(말씀을 말씀으로 주해)를 완료하고 성경 전체 강해집을 출간하셨습니다. 방목사님은 가정생활에도 언제나 말씀대로 사는 모범을 보이셔서 모든 가족 친척들이 아버지, 할아버지로 존경하고 따랐다고 합니다. 그 가족 중

에는 200명 이상이 의사, 목사 등의 학위자들이 있었는데 모두 그리스 도인들이어서 가족 수련회를 하면 늘 100명 이상 모였다고 합니다. 만 103세로 돌아가시던 주간 사실 저는 방지일 목사님을 필그림에서 교역 자 수련회 강사로 모시고자 하였는데 월요 교역자 성경공부 후, 쓰러지 셔서 못 오실 것 같다고 방 목사님 곁에서 큰 아버지로 섬기시던 저의 친 구 방선기 목사님이 전화를 주셨습니다. 그리고 그 주간 금요일(교역자 수련 회 날) 103세로 부름을 받으셨다고 알려주셨습니다. 그때 그 순간 떠오른 말씀이 잠언 11장 30절이었습니다.

"의인의 열매는 생명 나무라 지혜로운 자는 사람을 얻느니라"

방지일 목사님은 한국 교회가 낳은 푸르고 푸른 지혜 나무, 생명 나무 이셨습니다. 보물찾기에 성공한 인생을 사셨습니다.

153

16

미래 세대를 향한 거룩한 권면

잠언 3장 1-10절

¹내 아들아 나의 법을 잊어버리지 말고 네 마음으로 나의 명령을 지키라 ²그리하면 그 것이 네가 장수하여 많은 해를 누리게 하며 평강을 더하게 하리라 ³인자와 진리가 네 게서 떠나지 말게 하고 그것을 네 목에 매며 네 마음판에 새기라 ⁴그리하면 네가 하나 님과 사람 앞에서 은총과 귀중히 여김을 받으리라 ⁵너는 마음을 다하여 여호와를 신 뢰하고 네 명철을 의지하지 말라 ⁶너는 범사에 그를 인정하라 그리하면 네 길을 지도 하시리라 ⁷스스로 지혜롭게 여기지 말지어다 여호와를 경외하며 악을 떠날지어다 ⁸이 것이 네 몸에 양약이 되어 네 골수를 윤택하게 하리라 ⁹네 재물과 네 소산물의 처음 익은 열매로 여호와를 공경하라 ¹⁰그리하면 네 창고가 가득히 차고 네 포도즙 틀에 새 포도즙이 넘치리라

오늘의 본문은 "내 아들아"라는 말씀으로 시작됩니다. 오늘 본문은 잠언 중에서 우리에게 가장 많이 알려지고 우리가 암송하는 구절(3, 4, 5, 6절) 말씀들이 들어있습니다. 솔로몬 왕의 전성기에 쓰여진 말씀입니다. 그에게는 많은 아들들(왕자들)이 있었습니다. 그러나 구약에서 아들이란 호칭은 스승 되신 분이 폭넓게 그가 가르치는 다음 세대의 모든 지도자들을 향하여 사용하는 애칭이기도 했습니다. 그래서 잠언은 지혜로운 왕 솔로몬이 다음 세대의 젊은 지도자들이 그가 이루어 놓은 왕국을 잘 이끌어가기를 기대하는 마음으로 교훈한 리더십의 핵심 강론을 모은 책이라고 할 수 있습니다. 이 잠언에는 솔로몬의 잠언 357개가 기록되고 있습니다. 잠언 1장 1절은 이렇게 시작됩니다.

"다윗의 아들 이스라엘 왕 솔로몬의 잠언이라"

잠언 10장을 펴보시면 〈솔로몬의 잠언〉이란 표기가 제목으로 기록됩니다(잠 10:1-22:16). 다시 잠언 25장을 보시면 〈솔로몬의 잠언〉 이렇게 제목이 나와 있습니다(25-29장).

그런데 잠언 강해 첫 장에서 말씀을 드렸습니다만 잠언 30장에 가면 〈아굴의 잠언〉 그리고 잠언 31장은 〈르무엘 왕을 훈계한 잠언〉이렇게 제목이 붙어 있습니다. 성경학자들은 잠언서 대부분은 솔로몬의 저작이지만 히스기야 왕 시대에 편집되면서 솔로몬의 영향을 받은 고대 리더들의 말씀을 여기에 첨부한 것으로 생각합니다. 그럼에도 불구하고 구약학자 브루스 월키 박사는 그의 〈잠언 주석〉에서 솔로몬 왕이 잠언의 대부분을 기록한 것은 논박할 수 없는 사실이라고 말합니다. 그런데 기타 저자인 르무엘도 왕이고, 아굴도 왕의 신하, 궁중 관리이고, 또 후대 편집자인 히스기야의 신하들도 왕족인 것으로 미루어 잠언은 궁중에서 솔로몬의 교훈을 중심으로 하고 일부 궁중에 전해온 교훈들을 덧붙여 왕족들과 귀족들 그리고 다음 세대의 리더들에게 이런 짤막한 금언 곧 잠언 형식으로 가르쳐 온 '리더십 교본'으로 볼 수 있습니다. 어떤 때는 짤막한 한두 구절, 때로는 충고 형식으로 된 단락으로 조금 길게 권면을 하기도 하는데 오늘 본문은 그런 조금 긴 충고형식의 권면이라고 할 수 있습니다. 〈잠언〉을 명사로는 마샬(masal), 복수형으로는 미쉴레(mishle), 영어로 Proverbs라고 하는데 짧고 함축적으로 교훈을 전달하도록 고안된 하나님의 티칭 방편입니다. 자 이제 잠언 3장이 펼쳐주는 리더십의 향연을 살펴봅니다. 우선 지혜자는 성공적인 리더상을 제시합니다.

1. 누가 성공적인 리더입니까?

솔로몬의 관점에서 본 두 가지로 말씀하고 있습니다.

첫 번째는, 장수하고 평강을 누리는 사람입니다.
솔로몬은 먼저 우리가 하나님의 말씀의 교훈을 붙들고 지켜 산다면 장수하고 평강을 누릴 것이라고 말합니다.

내 아들아 나의 법을 잊어버리지 말고 네 마음으로 나의 명령을 지키라 그리하면 그것이 네가 장수하여 많은 해를 누리게 하며 평강을 더하게 하리라(잠 3:1-2)

이 땅을 살아가는 인간은 누구를 막론하고 할 수 있으면 더 오래 살기를 소원합니다. 그러나 오래 살면서 고통만 당한다면 그것이 복이라고 할 수 없을 것입니다. 그래서 장수에 평강(Shalom/샬롬, 전인적 건강함)을 더해 주신다고 약속하십니다. 나는 여러분 모두가 장수하시고 평강을 누리시기를 주님의 이름으로 축복합니다.

두 번째는, 인자와 진리의 사람이 되는 것입니다.

인자와 진리가 네게서 떠나지 말게 하고 그것을 네 목에 매며 네 마음판에 새기라(잠 3:3)

'인자'는 이웃들에게 베푸는 자비심(hen)이고, '진리'는 하나님을 향한 충성스러움(emet)을 뜻합니다. 어떤 리더는 하나님을 향해서는 충성스러운데 이웃을 불쌍히 여기지 못하는 사람들이 있고, 어떤 리더는 이웃들을 잘 챙기고 배려하는데 하나님을 향하여 진실하지 못한 사람이 있습니다. 둘 다 바람직하지 못합니다. 그러나 우리가 인자와 진리의 사람이 되어 간다면 4절의 약속은 절로 우리에게 임하게 됩니다.

"그리하면 네가 하나님과 사람 앞에서 은총과 귀중히 여김을 받으리라"

이 얼마나 복된 사람입니까? 하나님 앞에서도 사람 앞에서도 은총과 귀중히 여김을 받는 인생을 산다는 것, 나는 여러분이 바로 그런 사람이 되시기를 축복합니다.

그러면 그런 사람, 그런 성공적 인생을 살아가기 위해 우리가 할 일은 무엇입니까? 여기 잠언 기자, 지혜자가 제공하는 성공적 인생의 세 가지 비밀이 있습니다.

2. 성공적 인생의 세 가지 비밀

첫 번째는, '여호와를 신뢰하라'는 것입니다.

너는 마음을 다하여 여호와를 신뢰하고 네 명철을 의지하지 말라(잠 3:5)

우리가 여호와를 신뢰해야 할 이유, 인간의 지혜와 명철이 온전하지 못한 것을 알기 때문입니다. 구약학자 브루스 월키는 우리가 인간의 명철을 의지하는 것은 마치 부러진 목발을 의지하는 것과 같다고 하였습니다. 여기 명철은 영어로는 understanding입니다. 인간의 이해력은 이미 타락과 함께 그 실존의 한계가 지어진 고장난 것입니다. 어리석은 자들만 불완전하고 신뢰하기 어려운 초라한 명철을 의지하고자 할 것입니다. 그러나 주의 백성들이 경험해온 하나님은 언약을 지키시는 신실하신 하나님이십니다. 그래서 전능하고 전지하신 오직 그분만을 마음을 다하여 의지하라고 말합니다. 여기 '마음을 다하여'라는 말은 자기의 '전 존재로'라는 뜻입니다.

우리가 하나님을 믿고 예수를 믿는 이유, 우리 자신이 믿음의 대상이 되지 못한 것을 발견한 때문입니다. 주석가 매튜 헨리는 인간의 명철은 상한 갈대와 같다고 하였습니다. 갈대 자체도 쉽게 흔들리는 것이어서 기준이 될 수 없는데 거기다가 상한 갈대라면 그것을 어떻게 기준삼아 행동할 수 있겠습니까? 우리가 자신이 아닌 하나님을 믿고 기도하는 이유, 우리 자신이 믿음의 근거도 기준도 될 수 없기 때문입니다. 지나간 기독교 역사에서 하나님의 사역자로서 역사를 만드는 일을 해온 사람들은 소위 똑똑한 사람들이 아니었습니다. 기도하는 사람들이었고 전심으로 하나님을 의지할 줄 아는 사람들이었습니다. 하나님이 아브람을 믿음의 조상으로 사용하신 이유가 무엇 때문입니까? 창세기 15장 6절에 보면 "아브람이 여호와를 믿으니 여호와께서 이를 그의 의로 여기시고"라고 기록합니다. 소위 의로운 사람의 성경적 정의는 여호와 하나님을 신뢰하는 사람입니다. 우리가 하나님을 믿으면 하나님도 우리를 믿고 우리를 통해 일하시기를 시작하십니다. 그래서 크리스천 리더십의 출발점은 '여호와를 신뢰하라'입니다.

영국의 찬송작가인 아이작 왓츠 경은 "이스라엘아 여호와를 의지하라 그는 너희의 도움이시요 너희의 방패시로다"(시 115:9)라는 말씀을 묵상하다가 그가 발행하는 잡지에 〈대영제국이여 여호와를 신뢰하라〉는 글을 실었다고 합니다. 그리고 미국에서는 남북 전쟁이 일어나 같은 국민이 서로를 죽이고 불신이 극점에 달했을 때 몇몇 설교자들이 "미국이여 여호와를 신뢰하라."며, "미국 북군도 남군도 여호와를 신뢰하면 우리는 새로운 나라를 만들 수 있다."고 주장했습니다. 특히 M. R. 왓킨슨(Watkinson)이라는 침례교 목사는 "우리가 사용하는 동전에 이 고백을 새겨 넣고 그분을 신뢰하는 나라를 만들자."고 주장하여 안건이 1861년 11

월에 미국 의회를 통과하였고, 1865년 3월 3일에는 링컨이 이 고백을 화폐에 사용하는 법안에 서명하면서 "이 고백 안에 민족의 상처를 치유하기 위한 전능자 하나님의 섭리와 목적이 있다고 믿습니다."라고 말했다고 합니다. 이렇게 미국의 화폐에 'In God we trust'(우리는 하나님을 신뢰합니다)라는 국가적 신앙고백을 사용하게 되었습니다. 링컨의 서명은 그가 1865년 4월 15일에 암살당하기 전 조국에 기여한 그의 마지막 신앙고백이기도 했습니다.

두 번째는, '여호와를 인정하라'는 것입니다.

너는 범사에 그를 인정하라 그리하면 네 길을 지도하시리라(잠 3:6)

오늘 잠언의 지혜자가 제공하는 성공적 인생의 길을 걷기 위한 두 번째 지침은 여호와를 인정하라는 것입니다. 우리가 계획하고 실행하는 모든 일에 하나님의 존재 하나님의 인도를 구체적으로 인정하고 경험하라는 것입니다. 특히 우리가 하는 모든 일의 과정에서 그분의 존재를 인정하고 그분과 함께 할 수 있어야 한다는 것입니다. 유신론의 유형가운데 이신론(Deism)이 있습니다. 이신론자들은 하나님의 창조를 믿습니다. 그런데 하나님이 우주와 만물 그리고 인간을 창조하신 다음 모든 것을 창조의 원리나 법칙에 맡기시고 더 이상 간섭하지는 않는다는 것입니다. 그들은 하나님의 섭리나 간섭을 믿지 않습니다. 이신론자들의 하나님을 이렇게 비유할 수 있습니다. 어머니가 9개월 이상 생명을 품고 기르다가 드디어 생명을 출산했습니다. 어머니가 아기에게 이렇게 말합니다.

"아가야 내가 널 내 속에 품고 지난 9개월 얼마나 고생했는지 너도 알거야 이제 밝은 세상으로 나왔으니 너 혼자 맘껏 네 힘을 다하여 살아보렴… 엄마는 이제 너와 작별이다. 굿 바이, my baby."

여러분, 이런 엄마가 있다면 그것이 바로 이신론자의 신인 것입니다. 그러나 성경의 하나님은 우리들의 보통 어머니처럼 아기를 낳은 후 정성을 다하여 그가 홀로서기를 하기까지 간섭하고 돕습니다. 자식이 결혼 후에도 보통 엄마들은 보다 나은 미래를 향하여 가도록 응원하고 기도하고 돕습니다. 이것을 기독교 신학에서는 섭리라고 부릅니다. '섭리하시는 하나님'(God of providence)의 providence는 pro(미리)와 video(본다)의 합성어로 미리 보고, 돌보고, 인도하시는 하나님이라는 말입니다. 그래서 오늘 본문에서 잠언 기자는 말합니다. 성공을 꿈꾸는 모든 미래 세대들에게 말합니다.

"너는 범사에 그를 인정하라 그리하면 네 길을 지도하시리라"

아멘이십니까? 전능하시고 전지하시고 사랑이신 하나님이 우리 인생의 길을 지도하신다면 무엇이 걱정입니까? 단 이런 지도를 받기 위해서 다시 한 가지 경고를 더하십니다.

"스스로 지혜롭게 여기지 말지어다 여호와를 경외하며 악을 떠날지어다"(잠 3:7)

인간의 지혜를 앞세우고 하나님을 거스르는 악이 우리의 길에 등장할 때 이것은 하나님의 지도를 차단시키는 것입니다. 교만과 악을 버리고 회개함이 있어야 합니다. 또한 공동체가 주의 인도를 받으려면 공동체의 연합을 해치는 악을 조심해야 합니다. 하나가 되어야 합니다. 부족해도 교회가 세운 리더십을 신뢰하고 임기가 다할 때까지 믿고 따라야 합니다. 그들의 배후에서 하나님이 일하시도록 하나님의 섭리를 인정하십시오.

"그리하면 네 길을 지도하시리라"

이 섭리가 이루어지도록 말입니다.

세 번째는, '여호와를 공경하라'는 것입니다.

네 재물과 네 소산물의 처음 익은 열매로 여호와를 공경하라(잠 3:9)

여기 미래 세대의 성공을 위한 세 번째 권면입니다. 여호와를 공경하라는 것입니다. 네 소산물의 처음 익은 열매로 공경하라는 것입니다. 소산물의 처음 익은 열매는 가장 소중한 것입니다. 당신이 가장 소중히 여길 것으로 하나님을 섬겨야 한다는 것입니다. 그러면 10절의 약속이 있습니다.

"그리하면 네 창고가 가득히 차고 네 포도즙 틀에 새 포도즙이 넘치리라"

이 약속을 문자 그대로 믿고 실천한 사람들이 영국과 네덜란드에서 미국으로 이주했던 청교도 필그림 파더스들이었습니다. 그들은 신앙의 자유, 말씀대로 살아가는 새로운 삶을 찾아 1620년 9월 6일, 메이플라워 배를 타고 북미 대륙으로 출발합니다. 12월 26일 성탄절에 보스턴 근교 플리머스 항에 102명의 청교도 가족들이 도착했으나 오랜 항해와 추운 겨울을 이기지 못해 도착한 사람들의 절반이 세상을 떠났습니다. 그러나 다음 해 가을, 원주민들에게 농사를 배워 농작물을 수확하자 본문의 말씀대로 소산물의 첫 열매를 드리며 원주민을 초대하고 함께 감사의 예배와 잔치를 벌입니다. 이것이 미국에서의 추수 감사절의 기원이 된 것입니다.

그들은 평안할 때가 아닌 시련의 시기를 지나며 본문의 말씀을 붙들고 소산물의 처음 익은 열매와 재물로 하나님을 섬겼습니다. 크리스천 시인 고 김현승님의 시 〈감사하는 마음〉을 소개하고 싶습니다.

감사하는 마음은 언제나 은혜의 불빛 앞에 있다
받았기에, 누렸기에, 배불렀기에, 감사하지 않는다
맹수와의 싸움에도, 불 없는 방에서, 빵 없는 아침에도, 가난한 과부들은
남은 것을 모아 드리었다
드리려고 드렸더니, 드리기 위하여 드렸더니 더 많은 것으로 갚아주신다
감사하는 마음-그것은 곧 아는 마음이다
내가 누구인지를 그리고 주인이 누구인지를 깊이 아는 마음이다

어려울 때 더욱 감사할 줄 아는 성도들, 주님의 마음을 알아드리고 주를 공경하는 성도가 됩시다.

17

네 마음을 지키라

잠언 4장 23-27절
²³모든 지킬 만한 것 중에 더욱 네 마음을 지키라 생명의 근원이 이에서 남이니라 ²⁴구부러진 말을 네 입에서 버리며 비뚤어진 말을 네 입술에서 멀리 하라 ²⁵네 눈은 바로 보며 네 눈꺼풀은 네 앞을 곧게 살펴 ²⁶네 발이 행할 길을 평탄하게 하며 네 모든 길을 든든히 하라 ²⁷좌로나 우로나 치우치지 말고 네 발을 악에서 떠나게 하라

17세기를 지나 18세기를 맞이하면서 인류의 역사는 소위 계몽주의 시대(Age of Enlightenment)를 경험하게 됩니다. 이 시대의 가장 중요한 특성인 과학과 이성이 깨어나고 발전하면서 인간의 존재부터 시작하여 모든 것을 분석적으로 들여다보기 시작합니다. 그러면서 인간의 의학은 인체 구조에 따라 세밀하게 분화되기에 이르렀습니다. 내과(호흡기 내과, 순환기내과, 혈액종양내과, 내분비내과, 알레르기내과, 신장 내과, 감염 내과, 류머티즘내과), 외과(흉부외과, 신경외과, 정형외과, 성형외과), 병리학과, 산부인과, 비뇨기과, 안과, 피부과, 방사선과, 마취과, 신경과, 정신과, 소아과, 치과, 가정의학과… 등등 지금도 지속적으로 분화되고 있는 중입니다.

165

그런데 19세기 말에서 20세기로 진입하면서 이런 의학도 다시 통합을 말하기 시작합니다. 소위 통합의학이 등장하고 인간을 분석적으로만 보아서는 안 되고 전인적으로 파악하려는 운동이 일어납니다. 소위 Holistic medicine(전인적 의학)이란 말이 등장하고 인간을 영혼과 육체가 나누어진 존재가 아니라, Psycho-somatic being(영혼과 육체가 하나인 존재)으로 말하기 시작합니다. 신학에서도 인간을 삼분설(영, 혼, 몸)과 이분설(영혼과 육체, 물질과 비물질)로 나누어 말하다가 최근에는 신학자들도 전인적 일원론을 주장하기 시작합니다. 저는 인간이 죽을 때에 육체는 흙(물질)으로 지음 받았기에 흙으로 돌아가지만 영혼(비물질)은 하나님의 생기로 말미암았기에 하나님에게로 돌아간다고 믿습니다. 이분설을 지지한다고 할 수 있습니다. 그러나 살아있는 동안에는 육체와 영혼이 분리되어 존재하는 것이 아니고 역동적으로 하나의 유기체로 영혼이 육체에 영향을 끼치는가 하면 육체가 영혼에 역으로 영향을 끼치고 있다고 믿습니다. 그런 의미에서는 저는 또한 전인적 일원론자라고 할 수 있을 것입니다.

오늘 본문의 주제는 〈네 마음을 지키라〉는 것입니다. 그런데 도대체 우리 마음은 우리 신체 어디에 존재하는 것일까요? 이 명제에 대한 빛을 제공한 철학자는 데카르트라고 간주됩니다. 그는 "나는 생각한다. 그러므로 나는 존재한다."(Cogito ergo sum/I think, therefore I am)는 유명한 말을 했습니다. 그를 통해서 우리의 존재 곧 우리의 마음이 생각하는 뇌와 연결된다는 것, 다시 말하면 정신은 뇌라는 신체 부위와 연관된다는 사고를 하기 시작한 것입니다. 그런데 오래전 인류의 지혜의 보고인 잠언에서 솔로몬 왕은 마음을 지키기 위해서는 본문에서 우리의 입 곧 말을 잘 관리하고, 다음 우리의 눈을 잘 관리하고 이어서 우리의 발걸음을 잘 관리해야 한다고 말합니다. 다시 말하면 신체 관리가 곧 마음 관리라는 놀라운 지혜를 말하는 것입니다. 이제 본문 23절의 말씀을 함께 읽습니다.

모든 지킬 만한 것 중에 더욱 네 마음을 지키라 생명의 근원이 이에서 남이니라

그렇다면 다시 물어야 할 질문이 있습니다. 우리 마음을 지키기 위해

할 일은 무엇입니까?

1. '네 입을 조심하라'는 것입니다

구부러진 말을 네 입에서 버리며 비뚤어진 말을 네 입술에서 멀리 하라

(잠 4:24)

옛날 우리가 어린이 주일학교 시절에 부르던 노래가 생각납니다. "네 입이 말할 것을 조심해/네 입이 말할 것을 조심해/위에 계신 주께서 사랑스레 보시네/네 입이 말할 것을 조심해" 여기 본문에 구부러진 말은 때로 왜곡된 말로 번역됩니다. 남의 말이나 생각을 비틀어 왜곡하지 말아야 합니다. 비뚤어진 말은 때로 속이는 말로 번역됩니다. 유진 피터슨은 그의 메시지 성경에서 "한 입으로 두말하지 말고 경솔한 농담, 악의 없는 거짓말, 잡담을 피하여라"고 번역합니다. 예수님은 누가복음 6장 45절에서 "선한 사람은 마음에 쌓은 선에서 선을 내고 악한 자는 그 쌓은 악에서 악을 내나니 이는 마음에 가득한 것을 입으로 말함이니라"고 했습니다. 그래서 언어는 우리 마음의 거울이요 마음의 표현일 수 있다는 것입니다.

그런데 오늘날의 발달된 인지과학에서는 마음에서 언어가 나오는 것도 사실이지만 언어가 마음을 만드는 것이라고 주장하기도 합니다. 미국의 대표적 언어학자인 촘스키는 "나의 언어가 나의 사고를 지배한다."라고 말합니다. 유명한 실존주의 철학자 하이데거도 "언어는 존재의 집이다."(Language is the house of being)라고 말합니다. 언어는 단지 우리가 타인들

167

과 의사소통을 하는 수단일 뿐 아니라 우리가 그 언어 안에 거주하며 자신을 만들어 간다는 것입니다. 그 후 학자들은 언어가 존재를 만드는 것인가? 아니면 존재가 언어를 만드는 것인가를 토론해 왔습니다. 현재로서는 이 두 가지는 서로 상호 작용을 하며 피차에 영향을 끼친다고 생각하기에 이르렀습니다. 그런데 오래전에 잠언의 기자 솔로몬은 마음을 지키려면 먼저 언어에 조심하고 언어를 잘 관리해야 한다고 말합니다. 그 언어가 우리의 마음, 우리의 존재를 형성하기 때문입니다. 그런 의미에서 우리는 언어가 마음의 집이라고 말할 수 있을 것입니다.

2. '네 눈으로 바로 보라'는 것입니다

네 눈은 바로 보며 네 눈꺼풀은 네 앞을 곧게 살펴(잠 4:25)

표준 새번역은 이렇게 옮기고 있습니다.

"눈으로는 앞만 똑바로 보고, 시선은 앞으로만 곧게 두어라"

유진 피터슨의 메시지 성경은 23절을 "두 눈을 똑바로 뜨고 네 마음을 지켜라", 그리고 25절을 "똑바로 앞만 쳐다보고 온갖 엉뚱한 것들에는 눈길도 주지 말라"고 번역합니다. 옛날 주일 학교 찬송가에는 "네 눈이 보는 것을 조심해/네 눈이 보는 것을 조심해/위에 계신 주께서 사랑스레 보시네/네 눈이 보는 것 조심해"로 요약합니다. 우리가 엉뚱한 것, 잘못된 것에 시선을 두면 인생의 목표가 왜곡됩니다. 여기 본문에 앞으로 혹은 똑바로 라는 표현들은 모두 목표에 시선을 두면 우리 마음도 목표 지향적이 되는 것을 가르치는 것입니다.

우리는 흔히 눈을 마음의 창이라고 합니다. 우리의 눈길이 향하는 곳에 우리의 마음이 있습니다. 우리의 눈으로 바라 볼 가장 중요한 대상은 말할 것도 없이 구약에서는 주 여호와, 신약에서는 우리 주 예수 그리스도이십니다. 히브리서 12장 2절은 "믿음의 주요 또 온전하게 하시는 이인 예수를 바라보자"고 초대합니다. 김명선의 노래 중에 〈시선〉이란 복음성가가 있습니다.

내게로부터 눈을 들어
주를 보기 시작할 때
주의 일을 보겠네
내 작은 마음 돌이키사
하늘의 꿈꾸게 하네
주님을 볼 때
모든 시선을 주님께
드리고 살아계신
하나님을 느낄 때
내 삶은 주의 역사가 되고
하나님이 일하기 시작하네
…
모든 시선을 주님께 드리고
전능하신 하나님을 느낄 때
세상은 주의 나라가 되고
하나님이 일하기 시작하네
주님의 영광 임하네 주 볼 때

너희는 솔로몬에게 배우라

그렇습니다. 여러분의 마음을 지키기를 원하십니까? 우리의 눈을 들고 영광의 주님을 똑바로 바라보고 사십시다. 오늘 우리 시대는 우리의 시선을 빼앗는 세속적인 자극들로 가득 차 있습니다. 수많은 TV 오락 프로그램, 우리의 흥미로운 관심을 불러일으키는 각종 드라마들, 수많은 유튜브 선전들, 넷플릭스의 끝도 없는 프로그램들이 우리를 기다리고 있습니다. 정말 이 세상은 우리의 시선을 둘 곳이 없는 유혹으로 가득 차 있습니다. 과연 우리는 주께만 시선을 두고 살 수가 있을까요?

3. '네 발이 행할 길을 잘 살피라'는 것입니다

네 발이 행할 길을 평탄하게 하며 네 모든 길을 든든히 하라 좌로나 우로나 치우치지 말고 네 발을 악에서 떠나게 하라(잠 4:26-27)

어린이 주일학교 찬송은 어떻게 노래했습니까?

"네 발이 가는 곳을 조심해/네 발이 가는 곳을 조심해/위에 계신 주께서 사랑스레 보시네/네 발이 가는 곳을 조심해"

표준 새번역으로 읽어보겠습니다.

"발로 디딜 곳을 잘 살펴라 네 모든 길이 안전할 것이다. 죄로든 우로든 빗나가지 말고 악에서 네 발길을 끊어 버리라"

유진 피터슨의 메시지 성경으로 읽어 보겠습니다.

"조심조심 걸어라 그러면 네 앞길이 평탄하게 펼쳐질 것이다. 오른쪽으로나 왼쪽으로나 한 눈 팔지 말고 악으로부터 멀리 떨어지라"

성경은 우리에게 "악을 미워하고 선에 속하라"(롬 12:9)고 말합니다. 우리는 우리의 발을 디디기 전에 우리가 가는 길이 악한 길인지 선한 길인지를 살펴보고 우리의 행보를 결정해야 합니다.

여기 오늘 본문에 좌로나 우로나 치우치지 말라는 말씀은 중용이 정답이란 뜻이 아닙니다. 정도에서 벗어나지 말라는 말씀입니다. 하나님의 말씀이 가르치는 길로만 가라는 뜻입니다. 죄의 길, 악의 길로 가지 말라는 말입니다. 그러면 우리는 다시 물어야 합니다. 어떻게 우리는 죄의 길이나 악의 길로 빠지지 않고 우리의 마음이 주님의 온전한 통치, 그 지배 아래 있게 할 수가 있겠습니까? 그렇다면 먼저 자신에게 확인할 중요한 것이 있습니다. 우리는 예수님을 믿을 때 우리의 마음, 우리 인생의 주권을 주께 양도하셨는지요? 우리가 우리 인생을 주께 드리는 순간 주께서는 우리 마음 안에 말씀의 샘을 허락하십니다. 그리고 우리 마음 안에 하나님의 영이신 성령께서 거하십니다(성령의 내주). 이제 우리는 우리의 만족을 위해 우리의 마음 밖으로 나갈 필요가 없습니다. 본문의 시작인 23절을 다시 음미해 보십시오.

> 모든 지킬만한 것 중에 더욱 네 마음을 지키라 생명의 근원이 이에서 남이니라

이제 이 마음이 생명의 근원입니다. 마음이 존재의 모든 것을 지배합니다. 이제 우리 마음에 계신 성령과 대화하십시오. 그리고 그가 들려주시는 지혜의 말씀을 따라 날마다 아니 매순간을 사십시오. 그것이 마음

을 지키는 삶이 되는 것입니다. 이제 어린이 주일학교 노래를 부르며 세상으로 나아가십시오.

> 눈과 입과 손과 발 조심해
> 눈과 입과 손과 발 조심해
> 위에 계신 주께서 사랑스레 보시네
> 눈과 입과 손과 발 조심해

그리고 이제 기도하십시오. 성령의 충만을 위해 기도하십시오. 에베소서 5장 18절의 말씀을 기억합시다.

"술 취하지 말라 이는 방탕한 것이니 오직 성령으로 충만함을 받으라"

술에 취하면 술의 지배를 받습니다. 그러나 성령에 충만하면 성령의 지배를 받습니다. 에베소서 6장 17절은 우리에게 말씀하십니다.

"성령의 검 곧 하나님의 말씀을 가지라"

같은 맥락의 말씀을 바울은 골로새서 3장 16절에서 이렇게 말씀합니다.

"그리스도의 말씀이 너희속에 풍성히 거하여 모든 지혜로 피차 가르치며 권면하라" 성령 충만은 말씀 충만으로 현실이 됩니다. 말씀을 늘 묵상하고 성령의 충만, 성령의 지배를 매 순간 구할 때 우리의 마음은 그리스도의 다스림, 그리스도의 기쁨, 그리스도의 은혜와 자비로 가득찰 것입니다. 에베소서 5장 19-21절은 성령 충만의 결과를 증언합니다.

"시와 찬송과 신령한 노래들로 서로 화답하며 너희의 마음으로 주께 노래하며 찬송하며 범사에 우리 주 예수 그리스도의 이름으로 항상 아버지 하나님께 감사하며 그리스도를 경외함으로 피차 복종하라"

풀러 신학교의 교수였던 로버트 멍어(Robert Munger)는 이런 성령으로 충만한 궁극적 상태를 《내 마음 그리스도의 집》(My Heart Christ's Home, IVP)이란 아름다운 책자로 그려냈습니다. 내 마음에는 내 집처럼 여러 기능을 하는 공간들이 있습니다. 서재, 주방, 거실, 작업실, 오락실, 침실, 벽장, 마당… 우리는 인생의 어느 날 예수님을 우리의 구주와 주님으로 영접했습니다. 그날부터 우리는 분명히 그리스도인이 되었고 구원받은 하나님의 자녀, 그리스도의 제자가 되었습니다. 그러나 그분이 날마다의 삶에서 주인이 되지 못하면 그는 온전히 우리 마음을 다스리지 못하십니다. 그리스도가 주인 되어 다스리지 못하는 영역이 우리 안에 존재하기 때문입니다. 이것을 우리는 그리스도의 주재권(Lordship of Christ)라고 부릅니다. 내가 주님의 제자인 것은 사실이지만 존재의 영역(나의 취미, 나의 습관, 나의 욕망 등…) 중 내 뜻대로 해야 한다고 주장하는 삶의 영역은 존재하지 않을까요? 오늘의 본문에서 솔로몬이 네 마음을 지키라고 말씀하시는 이유, 여호와 하나님이 우리의 삶의 주인 되기를 원하시기 때문입니다. 잠언 16장 1-3절의 말씀을 기억합시다.

마음의 경영은 사람에게 있어도 말의 응답은 여호와께로부터 나오느니라 사람의 행위가 자기 보기에는 모두 깨끗하여도 여호와는 심령을 감찰하시느니라 너의 행사를 여호와께 맡기라 그리하면 네가 경영하는 것이 이루어지리라

아멘! 자신들의 마음을 주께 드려 주께서 우리를 지키시고 복 주시는 그 은혜를 경험하시기를 축원합니다. 모든 지킬만한 것 중에 네 마음을 지키라!

18
나 지혜를 어떻게 할 것인가

잠언 8장 30-36절

[30]내가 그 곁에 있어서 창조자가 되어 날마다 그의 기뻐하신 바가 되었으며 항상 그 앞에서 즐거워하였으며 [31]사람이 거처할 땅에서 즐거워하며 인자들을 기뻐하였느니라 [32]아들들아 이제 내게 들으라 내 도를 지키는 자가 복이 있느니라 [33]훈계를 들어서 지혜를 얻으라 그것을 버리지 말라 [34]누구든지 내게 들으며 날마다 내 문 곁에서 기다리며 문설주 옆에서 기다리는 자는 복이 있나니 [35]대저 나를 얻는 자는 생명을 얻고 여호와께 은총을 얻을 것임이니라 [36]그러나 나를 잃는 자는 자기의 영혼을 해하는 자라 나를 미워하는 자는 사망을 사랑하느니라

잠언 8장의 주인공은 〈나 지혜〉입니다. 12절이 그런 나를 소개합니다. "나 지혜는 명철로 주소를 삼으며 지식과 근신을 찾아 얻나니"

9장 11절에도 "나 지혜로 말미암아 네 날이 많아질 것이요 네 생명의 해가 네게 더하리라"고 하십니다. 성경학자들은 '나 지혜'가 '지혜의 인격화'(personification of wisdom)라고 말합니다. 그러나 오랜 기독교의 전통에서는 '나 지혜'가 인격화를 넘어선 지혜의 근원이신 그리스도의 예표라고 말합니다. 바울은 골로새서 2장 3절에서 "그리스도 안에는 지혜와 지식의 모든 보화가 감추어져 있느니라"고 했고, 고린도전서 1장 24절에서 "그리스도는 하나님의 능력이요 하나님의 지혜니라"고 선포하지 않았습니까? 그런 의미에서 존경받는 구약학자요 잠언서의 대가인 브루스 월키 박사도 무려 일곱 가지 근거를 들어 잠언서의 지혜는 솔로몬의 지혜보다 더 크신 예수 그리스도의 대형(antitype)이라고 말합니다. 그가 말한 일곱 가지 본문에서의 '지혜와 그리스도의 유사성'을 잠시 생각해 보십시오. 1)만물보다 먼저 하나님과 함께 계시고, 2)창조에서 중요한 역할 감당을 했고, 3)하늘에서 내려와 인간과 함께 거주했지만 거절당하시고, 4)우리 중에 오신 하늘의 지혜이시고, 5)귀를 기울여 듣는 자를 자녀라고 부르시고, 6)듣는 사람은 생명으로, 듣지 않는 사람은 사망으로 인도하시고, 7)복을 베푸신다고 말합니다.

　이제 본문에서 '내가' 혹은 '나'라는 일인칭 대명사가 나올 때마다 그리스도로 바꾸어 읽어 보십시오. 그리고 그런 '나 지혜' 곧 그리스도를 우리가 어떻게 해야 할 것인가를 묵상해 보십시오. 예컨대 30절 말씀이 "내가 그 곁에 있어서 창조자가 되어 날마다 그의 기뻐하신 바가 되었으며 항상 그 앞에서 즐거워하였으며"라고 되어 있는데 이제 그리스도를 대입하여 읽어 보겠습니다.

　"그리스도가 그 곁에 있어서 창조자가 되어 날마다 그의 기뻐하신 바가 되었으며 항상 그 앞에서 즐거워하였으며"

　말이 됩니까? 예, 말이 되지요. 이제는 34절 말씀에서 '나'를 그리스도로 바꾸어 읽어봅니다.

　"누구든지 내게/그리스도에게 들으며 날마다 내/그리스도의 문 곁에서 기다리며 문설주 옆에서 기다리는 자가 복이 있나니"

　이제 더 결정적인 마지막 말씀 35절과 36절을 읽어 보겠습니다. 다시 '나'를 그리스도로 바꾸어 읽습니다.

　"대저 나/그리스도를 얻는 자는 생명을 얻고 여호와께 은총을 얻을 것임이니라 그러나 나/그리스도를 잃는 자는 자기의 영혼을 해하는 자라 나/그리스도를 미워하는 자는 사망을 사랑하느니라"

　여러분, 잠언서가 갑자기 복음서로 바뀌지 않습니까? 그래서 잠언서는 단순한 도덕적 지침서만이 아니라는 것입니다. 그렇다면 잠언서가 '나 지혜'를 통해 들려주는 복음의 메시지는 무엇입니까?

1. 나, 그리스도는 창조자입니다

내가 그 곁에 있어서 창조자가 되어 날마다 그의 기뻐하신 바가 되었으며
항상 그 앞에서 즐거워하였으며(잠 8:30)

이제 본문에 앞선 8장 22-23절의 말씀을 읽겠습니다.

"여호와께서 그 조화의 시작 곧 태초에 일하시기 전에 나를 가지셨으며 만세 전부터, 태초부터, 땅이 생기기 전부터 내게 세움을 받았나니"

27절을 보실까요?

"그가 하늘을 지으시며 궁창을 해면에 두르실 때에 내가 거기 있었고"

여러분, 이 잠언의 말씀은 요한복음 서두의 말씀과 너무나 닮아있지 않습니까? 요한복음 1장 1-3절의 말씀을 보겠습니다.

"태초에 말씀이 계시니라 이 말씀이 하나님과 함께 계셨으니 이 말씀은 곧 하나님이시니라 그가 태초에 하나님과 함께 계셨고 만물이 그로 말미암아 지은바 되었으니 지은 것이 하나도 그가 없이는 된 것이 없느니라"

여러분, 놀라운 유사성이 아닙니까? 요한복음 1장 1-3절에서 말씀을 지혜로 바꾸면 그대로 잠언 8장이 됩니다. 하나님은 태초에 지혜의 말씀이신 로고스 그리스도를 통해 만물을 창조하셨다는 선언입니다.

예수 그리스도는 하나님의 아들로 성부와 성자와 성령, 삼위일체로 태초부터 존재하신 창조주이셨던 것입니다. 세상에서는 예수 그리스도를 역사적 인물로 인정하고 성인의 한 분으로 인정하기도 하지만 세상이 모르는 비밀은 예수가 창조주라는 것입니다. 이 진리는 사실 성령의 사역

이 없이는 이해하기도 수용하기도 어려운 것입니다. 그러나 예수 그리스도를 창조주로 받아들임 없이 한 사람의 인생의 변화도 기대할 수는 없습니다. 나를 만드신 분이 나를 고칠 수 있는 분이시기 때문입니다. 신약 마가복음 2장에 보면 예수께서 중풍병자를 치유하신 사건이 기록됩니다. 친구 네 사람이 그를 데리고 예수께서 말씀을 가르치시는 집에 와서 지붕을 뜯고 들것에 실어 예수님 앞으로 내리지 않았습니까? 그때 예수께서 그 중풍병자에게 하신 말씀을 기억하십니까?

"소자야 네 죄사함을 받았느니라"

그때 그 자리에 있던 서기관들이 "신성모독이로다 오직 하나님 한 분 외에는 누가 능히 죄를 사하겠느냐"(막 2:7)고 소리칩니다. 이들의 반응은 당연한 것이었습니다. 단 그들이 모르고 있었던 것, 예수가 하나님이라는 것이었습니다. 진실로 그분은 인간의 죄를 사하시고 난치의 병도 고칠 수 있는 분이셨던 것입니다.

그러므로 우리가 이웃초청 블레싱 잔치를 통해 이웃들에게 알려야 할 진리, 예수는 창조주 하나님이라는 사실입니다.

2. 나, 그리스도는 복 주려고 인생 중에 화육하신 실존입니다

사람이 거처할 땅에서 즐거워하며 인자들을 기뻐하였느니라(잠 8:31)

나 지혜는 저 하늘 높은 곳에서 인생들을 내려다보는 존재가 아니라, 사람이 거처하는 땅에 내려오신 분이라는 것입니다. 그리고 사람의 아들들과 어울리며 그들을 인해 기뻐하셨다는 것입니다. 거기서 끝나지 않습니다. 34절을 보십시오.

누구든지 내게 들으며 날마다 내 문 곁에서 기다리며 문설주 옆에서 기다리는 자는 복이 있나니

나 지혜의 실존 혹은 현존은 우리 집 문에까지 도달하여 문을 노크하며 문이 열리기만을 기다리고 계시다는 것입니다. 그런데 우리가 잠언 8장을 처음부터 다시 읽어보면 나 지혜가 얼마나 간절한 마음으로 인생의 거리에 우리를 찾아오시는 가를 절실하게 묘사하고 있습니다.

"지혜가 부르지 아니하느냐 명철이 소리를 높이지 아니하느냐 그가 길가의 높은 곳과 네거리에 서며 성문 곁과 문 어귀와 여러 출입하는 문에서 불러 이르되 사람들아 내가 너희를 부르며 내가 인자들에게 소리를 높이노라"(잠 8:1-4)

나 지혜 되신 그리스도가 하늘에서 땅으로 사람들이 사는 곳으로 오신 것입니다. 그는 우리 집 문설주까지 찾아와 문을 두드리십니다. 이것을 우리는 화육 혹은 성육신(Incarnation)의 진리라고 일컫습니다. 우리가 잘 아는 진리를 사도 요한은 어떻게 증언하고 있습니까?

"말씀이 육신이 되어 우리 가운데 거하시매 우리가 그의 영광을 보니 아버지의 독생자의 영광이요 은혜와 진리가 충만하더라"(요 1:14)

요한계시록의 저자이기도 한 사도 요한은 이 성육신하신 예수께서 각 사람의 마음의 문까지 찾아와 문을 두드리고 계시다고 말합니다.

"볼지어다 내가 문 밖에 서서 두드리노니 누구든지 내 음성을 듣고 문

을 열면 내가 그에게로 들어가 그와 더불어 먹고 그는 나와 더불어 먹으리라"(계 3:20)

오늘 잠언 본문의 말씀과 일치하는 초대가 아닌가요? 이 땅 우리가 출입하는 문까지 찾아와 문을 두드리시며 우리의 응답을 기다리신다고 말입니다. 그는 문설주 곁에서 기다리는 자에게 복이 있다고 말씀하십니다. 그는 축복을 들고 성육신하사 우리의 마음문 밖에서 기다리신다는 초청입니다.

블레싱 잔치는 우리의 사랑하는 이웃들이 우리의 마음 문을 열고 예수 그리스도를 영접할 수 있는 기회를 제공하는 잔치입니다. 그들을 초대할 준비가 되어 계신가요?

3. 나, 그리스도를 어떻게 하느냐가
당신의 생사를 결정합니다

잠언 본문의 절정은 35-36절 말씀입니다.

대저 나를 얻는 자는 생명을 얻고 여호와께 은총을 얻을 것임이니라. 그러나 나를 잃는 자는 자기의 영혼을 해하는 자라 나를 미워하는 자는 사망을 사랑하느니라

이 말씀을 다시 사도요한의 말씀으로 요한일서 5장 12절에서 읽습니다. "아들이 있는 자에게는 생명이 있고 하나님의 아들이 없는 자에게는 생명이 없느니라"

이제는 요한복음 3장 36절의 말씀입니다.

"아들을 믿는 자에게는 영생이 있고 아들에게 순종하지 아니하는 자는 영생을 보지 못하고 도리어 하나님의 진노가 그 위에 머물러 있느니라"

잠언의 나 지혜는 바로 하나님의 아들 그리스도이시고 그를 어떻게 하느냐에 우리의 생명과 사망, 영생과 영벌이 결정되는 것입니다. 이제 잠언의 기자는 우리에게 선택과 결정을 요구합니다. 우리의 선택, 우리의 결정에 따라 생사가 결정되는 것입니다. 영원한 운명이 결정되는 것입니다. 블레싱 잔치는 이런 영원한 은총의 기회를 제공하는 것입니다.

유대 총독 빌라도의 법정에 예수님이 죄수로 끌려왔을 때 총독 빌라도는 그의 무죄를 확신했습니다. 그래서 그가 외쳤던 유명한 고백이 있습니다. 마태복음 27장 22절 말씀입니다.

"빌라도가 이르되 그러면 그리스도라 하는 예수를 내가 어떻게 하랴 그들이 다 이르되 십자가에 못 박혀야 하겠나이다"

잠언 8장에서 잠언서는 우리에게 묻습니다.

"나 지혜를 어떻게 할 것인가?"

복음서는 묻습니다.

"나 그리스도라 하는 예수를 어떻게 할 것인가?"

빌라도의 선택은 무엇이었습니까? 그는 결국 예수를 십자가에 내어주는 선택을 합니다. 그는 유대인 군중들의 집단 심리를 거스르고 싶지 않았습니다. 그래서 그는 자기 아내의 경고에도 불구하고 스스로의 양심을 거스르는 선택을 합니다. 그리고 그것이 자기의 출세에 부합하는 미래를 가져다 줄 것으로 판단했습니다. 그 결과 우리는 소위 사도신경의 고백을 할 때마다 "본디오 빌라도에게 고난을 받으사 십자가에 못 박혀 죽으시고"라고 그의 이름을 거론하게 된 것입니다.

유명한 세익스피어의 햄릿에서의 명대사, "죽느냐 사느냐 그것이 문제로다!"(To be or not to be, that is the question!)를 우리는 기억합니다. 빌라도는 이 땅에서의 더 나은 삶을 위해 예수의 십자가 처형을 선택했지만 그것은 사실 그를 살리는 것이 아니라 죽이는 결정이었습니다. 사도 요한은 요한계시록 3장, 사데 교회를 향한 편지의 1절에서 사데 교인들에게 "네가 살았다 하는 이름은 가졌으나 죽은 자로다"라고 말합니다. 진정으로 사는 길, 그리고 영원히 사는 길의 선택이 중요하지 않겠습니까? 우리 시대는 잠깐의 출세, 잠깐의 유익을 위해 자신의 양심을 버리고 죽음의 길을 선택하는 사람들로 가득 차 있습니다. 그런데 잠언 기자는 참으로 지혜로운 사람은 생명을 선택하는 사람이라고, 영원한 생명을 선택하는 사람이라고 말합니다. 냉전 시대의 소련 수용소에서 있었던 일입니다. 보리스 콘펠드란 유대인 의사가 있었습니다. 그는 한 젊은이의 수술을 앞두고 있었는데 간부들은 그를 살릴 필요가 없다고 죽도록 뇌두라고 말합니다. 그러나 그리스도인이었던 의사는 기도 끝에 그를 수술하고 살리기로 결심합니다. 그러나 그것은 수용소 규정을 어긴 자신의 죽음을 의미하는 것이었습니다.

의사는 이 청년을 살려냈고 그 대가로 그는 처형을 받게 됩니다. 처형을 받기 전날 의사 보리스 콘펠드는 자기가 살린 청년에게 그가 자신의 죽음을 무릅쓰고 그를 살려낸 이유를 설명하며 그것은 자기 안에 계신 생명이신 예수 그리스도 때문이라고 말합니다. 의사는 죽음을 피할 수 없게 되었습니다. 그런데 그가 살려낸 사람이 바로 유명한 솔제니친이란 작가였습니다. 솔제니친은 자신을 살린 의사가 전해 준 예수를 믿고 예수를 증거하는 작가가 되었습니다. 그는 1970년 노벨 수상작가가 되었습니다. 의사 콘펠드는 솔제니친이 나 때문에 이렇게 죽는 것이 두렵지 않느냐는 질문 앞에 이렇게 대답합니다.

"이미 당신과 나를 살려내기 위해 죽으신 분이 바로 예수 그리스도이십니다. 그분 안에만 영원한 삶이 약속되어 있습니다."

그렇습니다. 나는 지혜, 나는 생명이라고 선포한 예수 그리스도, 그분을 증거하는 열매를 풍성하게 맺는 이 블레싱의 계절이 되시기를 축복합니다!

19

진리를 사되 팔지 말라

잠언 23장 23-35절

23진리를 사되 팔지는 말며 지혜와 훈계와 명철도 그리할지니라 24의인의 아비는 크게 즐거울 것이요 지혜로운 자식을 낳은 자는 그로 말미암아 즐거울 것이니라 25네 부모를 즐겁게 하며 너를 낳은 어미를 기쁘게 하라 26내 아들아 네 마음을 내게 주며 네 눈으로 내 길을 즐거워할지어다 27대저 음녀는 깊은 구덩이요 이방 여인은 좁은 함정이라 28참으로 그는 강도 같이 매복하며 사람들 중에 사악한 자가 많아지게 하느니라 29재앙이 뉘게 있느뇨 근심이 뉘게 있느뇨 분쟁이 뉘게 있느뇨 원망이 뉘게 있느뇨 까닭 없는 상처가 뉘게 있느뇨 붉은 눈이 뉘게 있느뇨 30술에 잠긴 자에게 있고 혼합한 술을 구하러 다니는 자에게 있느니라 31포도주는 붉고 잔에서 번쩍이며 순하게 내려가나니 너는 그것을 보지도 말지어다 32그것이 마침내 뱀 같이 물 것이요 독사 같이 쏠 것이며 33또 네 눈에는 괴이한 것이 보일 것이요 네 마음은 구부러진 말을 할 것이며 34너는 바다 가운데에 누운 자 같을 것이요 돛대 위에 누운 자 같을 것이며 35네가 스스로 말하기를 사람이 나를 때려도 나는 아프지 아니하고 나를 상하게 하여도 내게 감각이 없도다 내가 언제나 깰까 다시 술을 찾겠다 하리라

천로역정 순례길을 걷다 보면 허영의 시장을 통과하게 됩니다. 크리스천과 신실씨가 이 시장의 수많은 화려한 전시물에 마음을 뺏기지 않고 묵묵하게 걸어가자 시장의 상인들이 "당신들은 도대체 어떤 상품에 관심이 있느냐?", "무엇을 사고 싶은 거냐?"(What will you buy?)고 묻습니다. 그때 크리스천과 신실씨는 진지하게 대답합니다.

"우리는 진리를 사고자 합니다."(We buy the truth.)

잠언 오늘의 본문 23장 23절에서 인용된 말씀입니다. 일찍이 유대 총독 빌라도 앞에서 예수님이 "나는 진리에 대하여 증언하기 위해서 이 세상에 왔다."고 하자, 빌라도는 "진리가 무엇이냐?"(요 18:38)는 유명한 질문을 합니다. 예수님은 이 질문에 침묵으로 응수하십니다. 그것은 이미 유대인들에게 "진리를 알지니 진리가 너희를 자유롭게 하리라"(요 8:32)고 말씀하시고, "아들이 너희를 자유롭게 하면 너희가 참으로 자유로우리라"(요 8:36)고 말씀하시고, 마침내 "내가 곧 진리요"(요 14:6)라고 선언하신 바가 있었기 때문입니다. 예수 그리스도를 진리로 수용할 준비가 되어있지 않은 이들에게 그분은 언어의 유희를 할 필요가 없었기 때문에 다만 침묵으로 응수하신 것입니다. 그러나 이 세상은 아직도 이 빌라도의 질문을 계속하고 있습니다.

너희는 솔로몬에게 배우라

"진리가 무엇이냐?"

공자님은 "조문도 석사가의"라는 유명한 말을 남겼습니다. "아침에 도를 듣고 깨달으면 저녁에 죽어도 가하다(괜찮다)"는 말입니다. 그러나 공자님은 평생 그 도(진리)를 깨우쳤다고 고백한 일이 없습니다. 유가와 함께 동양사상으로 큰 영향을 끼친 노자, 장자 사상은 만물을 생성하게 하고 변화하게 하는 근본원리가 바로 도(진리)라고 보았고, 이런 도는 '무위자연' 곧 인위적 행위가 없는 자연 그 자체가 진리라고 보았습니다. 그러나 자연이나 자연의 법칙이 어떻게 존재할 수 있었는가를 그들은 대답하지 않습니다. 유명한 철학자 프로타고라스는 "인간은 만물의 척도다"라고 주장했습니다. 우리 각자의 판단대로 진리는 다양할 수 있다는 것입니다. 그것이 바로 오늘 포스트모던 사상, 서양철학의 핵심인 상대주의 철학을 낳은 것입니다. 그러나 모든 것이 진리라면 모든 것이 진리가 아닐 수도 있습니다. 그것이 바로 우리가 사는 시대의 상대적 가치관의 혼란의 원인입니다.

그래서 방황하는 모든 시대의 청년 구도자들을 향한 오래전 지혜의 왕 솔로몬의 지혜로운 충고를 소개하고자 합니다. 한마디로 그것은 23장 23절의 말씀과도 같습니다.

진리를 사되 팔지는 말라(Buy the truth, and do not sell it)

자, 참으로 진리, 절대적 진리가 존재한다면 그 진리를 어떻게 해야 할 것입니까?

　마태복음 13장은 하나님 나라 진리의 장입니다. 여기 〈밭에 감추인 보화〉의 비유가 소개됩니다. 보화가 묻혀있는 밭을 발견한 사람이 자기의 모든 소유를 다 팔아 그 밭을 사는 결단을 내립니다. 또 이어지는 비유가 좋은 진주를 발견한 상인이 이 지극히 값진 진주를 발견하자 자신의 모든 소유를 팔아 그 진주를 사들이기로 결단합니다. 여기 값진 보화나 진주는 바로 하나님 나라의 진리입니다. 이 진리를 사기로 결단해야 한다는 것입니다. 하나님 나라 복음의 진리는 우리의 모든 것을 팔아 소유할 가치가 있다는 것입니다. 진리를 추구하는 것은 아름다운 일입니다. 그러나 진리를 추구만 하다가 끝내지 마십시오. 내가 발견한 그것이 진리라고 확신이 온다면 결단이 필요합니다. 그 진리를 받아들이고 그 진리에 의해 평생을 살기로 결단하셔야 합니다.

　그러나 내가 추구한 그것이 진리라고 확신하기 위해서는 그 진리가 우리를 구원의 길로 인도하는지를 점검하십시오. 바울은 그의 믿음의 아들 디모데에게 디모데후서 3장 14-15절에서 이렇게 말합니다.

　"그러나 너는 배우고 확신한 일에 거하라 너는 네가 누구에게서 배운 것을 알며 또 어려서부터 성경을 알았나니 성경은 능히 너로 하여금 그리스도 예수 안에 있는 믿음으로 말미암아 구원에 이르는 지혜가 있게 하느니라"

　그렇습니다. 성경은 우리를 구원에 이르게 하는 진리의 책입니다. 사도행전 16장 31절의 바울의 메시지를 기억하십니까?

　"주 예수를 믿으라 그리하면 너와 네 집이 구원을 받으리라"

너희는 솔로몬에게 배우라

성경이 증언하는 예수 그리스도만이 우리를 구원에 이르게 하는 유일한 진리이십니다. 그리고 그의 말씀은 구원받은 자들이 구원의 주님을 따라 거룩하게 되는 진리이십니다. 요한복음 17장 17절의 말씀을 상기하십시오.

"그들을 진리로 거룩하게 하옵소서 아버지의 말씀은 진리니이다"

그래서 이제 어떤 상황 어떤 경우에도 하나님의 말씀만을 진리로 붙들고 살기로 결단하시겠습니까? 시편 119편 160절의 말씀을 기억합시다.

"주의 말씀의 강령은 진리이오니 주의 의로운 모든 규례들은 영원하리이다"

2. 진리를 팔지 말고 잘 지켜 사용하라는 것입니다

진리를 사되 팔지 말라는 것은 진리를 다시 잃어버리는 일이 없어야 한다는 것입니다. 구도자의 순례길을 추적하다 보면 종종 진리의 길에서 이탈하여 타락자가 되고 배도자가 되는 이들을 볼 수 있습니다. 천로역정 순례의 길에서도 크리스천이 해석자의 집에 들렀을 때, 이런 타락자가 감옥에 갇혀 있는 모습을 보여줍니다(철장 속의 타락자). 베드로후서 2장 20-21절의 경고의 말씀을 잘 기억합시다.

"만일 그들이 우리 주 되신 구주 예수 그리스도를 앎으로 세상의 더러움을 피한 후에 다시 그 중에 얽매이고 지면 그 나중 형편이 처음보다 더 심하리니 의의 도를 안 후에 받은 거룩한 명령을 저버리는 것보다 알지 못하는 것이 도리어 그들에게 나으니라"

우리가 이런 배도의 자리에 서지 않도록 하기 위한 세 가지 지침을 본문에서 솔로몬은 가르칩니다.

첫째로, 부모와의 좋은 관계를 유지해야 합니다.

의인의 아비는 크게 즐거울 것이요 지혜로운 자식을 낳은 자는 그로 말미암아 즐거울 것이니라 네 부모를 즐겁게 하며 너를 낳은 어미를 기쁘게 하라(잠 23:24-25)

사실 부모를 우리에게 허락하신 가장 큰 이유는 하나님을 대신하여 우리를 보호하고 인도하시고자 함인 것입니다. 유대인 가정에서는 부모를 하나님의 권위의 대리자라고 믿습니다. 부모는 하나님을 대신하여 하나님의 진리를 자녀에게 가르치는 자입니다.

그 진리의 말씀을 청종하면 자녀의 복이 되는 것입니다. 부모는 우리 인생의 우산과 같은 존재입니다. 우리가 우산 밖으로 나가면 눈과 비, 바람을 피하지 못합니다.

에베소서 6장 2-3절의 말씀을 기억하십니까?

"네 아버지와 어머니를 공경하라 이것은 약속이 있는 첫 계명이니 이로써 네가 잘되고 땅에서 장수하리라"

부모와의 좋은 관계가 다음 세대들의 성공의 조건이 된다는 것입니다. 십계명은 1-4계명이 신과 인간의 관계를 그리고 5-10계명이 인간과 인간사이의 관계를 다루고 있습니다. 그런데 인간 상호간의 윤리의 첫 계명 곧 제5계명이 "네 부모를 공경하라"입니다. 부모와의 관계는 인생의 첫 단추와 같은 것입니다. 이 계명이 제대로 지켜지지 않으면 다른 모든 영역에서 우리의 삶이 흔들리고 방황하게 됩니다. 그러므로 하나님의 진리를 팔지 않고 지켜 사는 인생의 첫 교훈이 바로 부모를 공경하는 삶인 것입니다. 여기서 부모 공경은 구체적으로 부모를 즐겁게 하고 기쁘시게 하는 삶을 의미합니다. '자녀의 관점이 아닌 부모의 관점에서 부모가 기뻐할 일로 효도하십시오.'라는 말입니다.

둘째로, 성적인 유혹에서 자신을 지켜야 합니다.

구원받은 하나님의 백성들을 진리의 길에서 이탈하게 만드는 중요한 요인이 바로 성적인 유혹입니다. 그래서 잠언서에서는 이런 성적 유혹을 경계하는 많은 교훈이 가르쳐집니다. 본문 27절의 말씀을 보겠습니다.

대저 음녀는 깊은 구덩이요 이방 여인은 좁은 함정이라

여기 음녀는 성을 사고파는 여인들을 뜻하는 말입니다. 예나 지금이나 정상적인 방법으로 성적 만족을 얻지 못하는 많은 젊은이들이 매춘업소를 드나들게 됩니다. 한 번 비정상적인 방법으로 성적 쾌락을 추구하다 보면 나중에 그것이 성적 중독으로 발전하고 정상적인 결혼생활의 장애 요인이 되기도 합니다. 그리고 또한 하나님을 알지 못하는 이방 여인들과의 관계를 추구하다가 이방 우상 속에 빠져드는 것을 경계하라고 말씀합니다. 솔로몬이 이런 경고의 말씀을 기록하고도 후일에 이방 여인들과의 관계로 우상숭배에 빠진 것은 안타까운 일입니다. 우리가 진리를 아는 것과 행하는 것은 다른 차원일 수 있다는 교훈을 배우게 됩니다.

우리가 이런 성적 일탈에서 우리를 지키기 위해서는 속히 믿음의 짝을 만나 결혼하고 부부의 적극적인 성적 즐거움을 향유할 줄 알아야 합니다. 고린도전서 7장 2-3절의 말씀을 기억합시다.

"음행을 피하기 위하여 남자마다 자기 아내를 두고 여자마다 자기 남편을 두라 남편은 그 아내에 대한 의무를 다하고 아내도 그 남편에게 그렇게 할지라"

여기서 의무란 부부사이의 성적 의무를 가르치는 말씀입니다. 부부의 적극적 성 생활이 성적 유혹에서 자신을 지키는 길인 것입니다. 잠언 5장 15절과 18절의 말씀을 기억합시다.

"너는 네 우물에서 물을 마시며 네 샘에서 흐르는 물을 마시라, 네 샘으로 복되게 하라 네가 젊어서 취한 아내를 즐거워하라"

성경은 적극적인 부부의 성생활로 가정을 지키고 자신의 영적 삶을 지켜 나갈 것을 명합니다.

셋째로, 알콜의 유혹에서 자신을 지켜야 합니다.

청년의 가장 큰 유혹의 하나는 알콜, 곧 술입니다. 술 자체는 구원의 조건도 아니고 사실 성경은 절대적으로 술을 금지하지도 않았습니다. 그러나 우리가 술의 노예가 되는 순간 우리는 진리의 삶, 거룩의 삶에서 이탈하게 됩니다. 최근에도 얼마나 많은 분들이 음주운전 등으로 사회에서 비난의 대상이 되고 있습니까? 술을 절제할 자신이 없다면 아예 술을 금하는 것이 거룩한 선택입니다. 오늘의 잠언 23장 29-35절까지가 다 술에 대한 경고입니다.

재앙이 뉘게 있느뇨 근심이 뉘게 있느뇨 … 술에 잠긴 자에게 있고 혼합한 술을 구하러 다니는 자에게 있느니라 포도주는 붉고 잔에서 번쩍이며

너희는 솔로몬에게 배우라

순하게 내려가나니 너는 그것을 보지도 말지어다(잠 23:29-31)

33절 이하는 술의 피해를 리얼하게 경고합니다.

"또 네 눈에는 괴이한 것이 보일 것이요 네 마음은 구부러진 말을 할 것이며"(잠 23:33)

"너는 바다 가운데에 누운 자 같을 것이요 돛대 위에 누운 자 같을 것이며 네가 스스로 말하기를 사람이 나를 때려도 아프지 아니하고 나를 상하게 하여도 내게 감각이 없도다 내가 언제나 깰까 다시 술을 찾겠다 하리라"(잠 23:34-35)

우리는 주변에서 술로 패가망신한 많은 이웃들을 봅니다. 그렇다면 진리를 지키고 팔지 않는 인생을 위해 알콜의 유혹에서 자신을 지키는 삶을 살아야 마땅할 것입니다. 종종 신앙인들 중에도 알콜의 유혹에서 벗어나지 못하는 사람들이 있습니다. 더 좋은 것에 취해보지 못한 때문입니다. 에베소서 5장 18절의 말씀을 다시 기억해 보십시오.

"술 취하지 말라 이는 방탕한 것이니 오직 성령으로 충만함을 받으라" 술에 취함을 극복하려면 성령에 취해 보시면 됩니다. 사도행전 2장에 보면 오순절에 마가의 다락방에서 성령에 충만한 사람들을 향해 "그들이 새 술에 취했다"고 하지 않았습니까? 성령에 충만한 사람들에겐 예수와 그의 진리의 말씀 밖에는 아무것도 중요하지 않게 됩니다. 그들은 진리 안에 거하는 것을 즐거워 할 뿐 진리를 팔 생각도 나지 않습니다. 그들에겐 예수와 진리를 바꿀 그 무엇도 존재하지 않기 때문입니다. 그들은 인기 가수에서 그리스도의 제자가 된 빌리 그래함의 동역자 고 조지 베벌리 쉐아 경의 노래(찬94, 주 예수보다 더 귀한 것은 없네)처럼 이 노래의 가사가 평생의 고백이 될 것입니다.

주 예수 보다 더 귀한 것은 없네
이 세상 부귀와 바꿀 수 없네
영 죽은 내 대신 돌아가신
그 놀라운 사랑 잊지 못해
세상 즐거움 다 버리고
세상 자랑 다 버렸네
주 예수 보다 더 귀한 것은 없네
주 예수 보다 더 귀한 것은 없네
이 세상 명예와 바꿀 수 없네
이전에 즐기던 세상일도
주 사랑하는 맘 뺏지 못해

그렇습니다. 이 세상 그 무엇보다 진리이신 그리스도를 바꿀 수는 없습니다. 진리를 사되 팔지 않는 인생을 사는 우리와 다음세대가 되기를 기도합시다!

20

죽기 전에 구할 두 가지 일

잠언 30장 7-9절

[7]내가 두 가지 일을 주께 구하였사오니 내가 죽기 전에 내게 거절하지 마시옵소서 [8]곧 헛된 것과 거짓말을 내게서 멀리 하옵시며 나를 가난하게도 마옵시고 부하게도 마옵시고 오직 필요한 양식으로 나를 먹이시옵소서 [9]혹 내가 배불러서 하나님을 모른다 여호와가 누구냐 할까 하오며 혹 내가 가난하여 도둑질하고 내 하나님의 이름을 욕되게 할까 두려워함이니이다

지난 여름 8월 9일 오전 10시 저는 아주 특별한 예배 인도와 설교를 부탁 받았습니다. 지난 몇 년간 암으로 투병 생활을 하고 있던 지구촌교회 이희경 권사님께서 아직 살아있을 때 장례예배(천국소망예배)를 인도해 달라는 부탁이었습니다. 분당 야탑동에 있는 댁에 아내와 시간을 맞추어 갔더니 평소에 가까이 지내던 목회자들과 교우들, 그리고 자녀들이 함께 기다리고 있었고 미리 예배 순서지도 준비되어 있었습니다. 특송으로 본인이 피아노를 연주하며 찬송가를 연주하시기도 했고 그동안의 삶과 믿음의 소회를 간증으로 말씀하시기도 했습니다. 저는 그날 고린도후서 4장 16절에서 5장 1절을 본문으로 〈영원한 집의 소망〉이란 제목으로 간략하게 말씀을 증거 했습니다. 권사님은 죽음의 순간이 오면 직계 가족과만 작별인사를 나누고 조용히 떠나고 싶다고 하셨고, 오늘처럼 아직 정신이 있을 때 사랑하는 사람들과 함께 인생을 정리하는 예배를 드리고 싶어 이렇게 모시게 되었다고 하셨고, 예배 후 가까운 식당에서 우리와 작별 식사까지 하셨습니다. 그리고 꼭 그로부터 한 달이 지난 9월 12일 천국으로 떠나시며 정말 아무에게도 알리지 않고 가족들과만 마지막 떠남을 마무리하셨습니다. 권사님은 강원도 인제에 농장이 있었는데 거기서 나온 꽃차를 오랫동안 필그림 순례자들에게 공급하셨고 여러 목회자들과 선교사들을 이름도 없고 빛도 없이 섬기다가 떠나신 분이셨습니다. 제 평생 목회를 하며 잊을 수 없는 장례, 잊을 수 없는 성도이셨습니다.

인간에게 죽음은 자기가 살아온 일생을 정리하는 순간입니다. 죽음을 앞두고 유언을 남기는 사람도 있고 마지막 기도를 하는 사람도 있습니다. 오늘 잠언 본문에는 솔로몬과 함께 또 한 분의 지혜로운 현자였던 '아굴'이라는 사람이 죽기 전의 기도를 남기고 있습니다. 30장 1절은 이렇게 시작됩니다.

"이 말씀은 야게의 아들 아굴의 잠언이니 그가 이디엘 곧 이디엘과 우갈에게 이른 것이니라"

우리는 그의 아버지의 이름이 야게라는 것을 알뿐 그에 대한 어떤 정보도 알 수 없습니다. 아굴은 '수집자, 모으는 자'란 뜻이 있는데 아마 그는 평소에 이름의 뜻처럼 지혜로운 말씀을 모으고 나누는 습관이 있었던 사람일지도 모릅니다. 그리고 이 말씀을 이디엘과 우갈에게 남긴다고 했는데, 이디엘은 '하나님이 나와 함께 계신다'는 뜻이고 우갈은 '전능한 자'란 뜻으로 아마 그의 제자들이었을지 모릅니다. 그는 제자들 앞에서 철저한 자신의 무지를 고백하며 하나님과 하나님의 말씀을 의지하고자 한다고 고백합니다. 2절을 보십시오.

"나는 다른 사람에게 비하면 짐승이라 내게는 사람의 총명이 있지 아니하니라"

사실 여기 짐승이란 표현은 하나님을 경외하는 자들이 하나님 앞에서 자신을 낮추는 고백의 표현입니다. 시편 73편 22절을 봅시다.

"내가 이같이 우매 무지함으로 주 앞에 짐승이오나"

그런데 5절에서는 이렇게 말합니다.

"하나님의 말씀은 다 순전하며 하나님은 그를 의지하는 자의 방패시니라"

무지한 짐승 같은 자신이지만 전능자이신 하나님을 의지하며 그의 말씀을 의지하여 살아왔다고 고백하는 것입니다. 그리고 그는 죽기 전에 두 가지 일을 구하겠다고 말합니다. 본문 7절을 다시 읽습니다.

내가 두 가지 일을 주께 구하였사오니 내가 죽기 전에 내게 거절하지 마시옵소서

죽음을 앞둔 아굴의 이 두 가지 기도제목은 무엇입니까?

1. 거짓에서 벗어나는 삶을 구합니다

곧 헛된 것과 거짓말을 내게서 멀리 하옵시며…(잠 30:8a)

그는 무엇보다 죽기 전에 거짓을 떠난 진실한 자로 하나님 앞에 서고 싶었던 것입니다. 왜냐하면 창조자이시고 심판자이신 하나님은 무엇보다 참되고 진실하신 하나님이셨기 때문입니다. 반대로 하나님을 대적하는 자 사단은 어떤 자입니까? 요한복음 8장 44절을 기억하십니까?

"너희는 너희 아비 마귀에게서 났으니 너희 아비의 욕심대로 너희도 행하고자 하느니라 그는 처음부터 살인한 자요 진리가 그 속에 없으므로 진리에 서지 못하고 거짓을 말할 때마다 제 것으로 말하나니 이는 그가 거짓말쟁이요 거짓의 아비가 되었음이라"

그렇습니다. 사단은 거짓의 아비입니다. 우리가 중고등학교 다닐 때

'…의 아버지'를 배우지 않았습니까? 발명의 아버지 에디슨, 교향악의 아버지 하이든, 자동차의 아버지 헨리포드, 바이올린의 아버지 파가니니, 제가 교과서 편찬위원이라면 한 가지 꼭 첨부 하고 싶은 질문이 있습니다. 거짓의 아버지, 누구일까요? 이미 예수님이 말씀하신대로 사단 마귀입니다. 사단 마귀는 처음 사람이 하나님의 말씀을 어기고 선악을 알게 하는 열매를 먹고자 할 때 "너는 결코 죽지 아니하리라"고 거짓말을 합니다.

우리 한국 문화에서는 거짓말하는 것을 심각한 죄로 생각하지 않는 경향이 있습니다만 십계명 중 제9계명이 무엇입니까? "네 이웃에 대하여 거짓 증거하지 말라" 아닙니까? 사실 거짓의 범죄는 가장 보편적인 인류의 죄입니다. 성령이 오셔서 우리의 죄를 깨닫게 하실 때 구약에서 이사야는 제일 먼저 "나는 입술이 부정한 사람입니다"라고 고백합니다. 우리가 지금 잠언 말씀을 계속 묵상하고 있습니다만, 잠언 6장 16-17절에 "여호와께서 미워하시는 것 곧 그의 마음에 싫어하시는 것이 예닐곱 가지이니 곧 교만한 눈과 거짓된 혀…", 그리고 다시 19절에 "거짓을 말하는 망령된 증인과 및 형제사이를 이간하는 자이니라"고 말합니다. 잠언 25장 18절에 보면 "자기의 이웃을 쳐서 증거하는 사람은 방망이요 칼이요 뾰족한 화살이니라"고 말씀합니다. 시편 140편 3절에 보면 악인의 특성으로 "뱀 같이 그 혀를 날카롭게 하니 그 입술 아래에는 독사의 독이 있나이다"라고 경고합니다. 아무렇지도 않게 가짜 뉴스를 전하는 사람들을 경계하십시오. 마태복음 12장 36절에서의 예수님의 경고를 들어보십시오.

"내가 너희에게 이르노니 사람이 무슨 무익한 말을 하든지 심판 날에 이에 대하여 심문을 받으리니"

바울 사도는 집사의 자격을 말하며 디모데전서 3장에서 일구이언을 하지 않고 이웃을 모함하지 않아야 한다고 말합니다. 모세는 출애굽기 23장 1절에서 "너는 거짓된 풍설을 퍼트리지 말며"라고 경고합니다.

여러 해 전 아틀란타 저널을 읽다가 모건 블레이크(Morgan Blake)가 쓴 이런 기사를 보았습니다.

"나는 치명적인 타격을 가할 수 있는 기술과 힘을 갖고 있다. 나는 죽이지 않고 승리한다. 나는 가정, 학교, 교회, 국가를 파괴한다. 나는 수많은 사람의 건강과 인생을 파괴한다. 나는 바다에 날개를 펴고 여행한다. 순결한 사람도 내게는 무력하다. 정갈한 사람도 내게는 무력하다. 나는 진리와 정의와 사랑을 경멸한다. 나는 나의 희생자를 전 역사와 전 세계에 갖고 있다. 나는 바다의 모래보다 더 많은 노예를 거느리고 있다. 나는 결코 망각하지 않는다. 나는 결코 용서하지도 않는다. 내 이름은 중상모략이다."

어느 주일학교 어린이가 교회 갔다 와서 엄마에게 물었다고 합니다.

"엄마, 도둑질하는 것과 거짓말하는 것 중 어느 것이 더 나쁜 죄인가요?"

엄마는 아이에게 말했습니다.

"물론 도둑질이 더 나쁜 죄이지."

그러나 아이는 말했습니다.

"전 다르게 생각해요. 엄마가 틀렸다고 생각해요."

그래서 엄마가 다시 "왜 그렇게 생각하니?"하고 물었더니, "엄마, 도둑질한 것은 돌려 줄 수 있지만, 거짓말은 돌려줄 수 없잖아요."하고 대답하더랍니다. 진리가 아닙니까? 그래서 잠언 기자는 죽기 전에 거짓을 멀리하게 해 달라고 기도하는 것입니다. 여기 헛된 것과 거짓된 것이 함께 언급됩니다. 모든 거짓은 헛된 것을 추구하는 마음에서 비롯됩니다. 헛된 욕망과 허영심을 버려야 합니다. 진실을 추구하는 마음, 하나님이 기뻐하시는 마음입니다. 하나님이 진실한 분이시기 때문입니다. 그분, 진실하신 하나님 앞에 우리는 거짓을 멀리하고 진실하게 살아야 합니다.

시인 윤동주의 〈서시〉의 기도, 그 진실한 마음이 그립습니다.

죽는 날까지 하늘을 우러러 한 점 부끄럼이 없기를
잎새에 이는 바람에도 나는 괴로워했다

거짓을 회개로 청산하고, 진실을 붙들고 하나님 앞에 설 날을 준비해야 하겠습니다.

2. 탐욕에서 벗어나는 삶을 구합니다

… 나를 가난하게도 마옵시고 부하게도 마옵시고 오직 필요한 양식으로 나를 먹이시옵소서 혹 내가 배불러서 하나님을 모른다 여호와가 누구냐 할까 하오며 혹 내가 가난하여 도둑질하고 내 하나님의 이름을 욕되게 할까 두려워함이니이다(잠 30:8b-9)

잠언 기자가 죽기 전에 구하는 두 번째 기도제목은 탐욕에서 벗어나는 삶입니다. 다르게 말하면 자족하는 삶을 구하고 있는 것입니다. 인생은 부하면 타락하고 가난하면 도둑질하기 쉽습니다. 그래서 필요한 양식으로 자족하는 삶을 구하는 것입니다. 그렇게 살면서 하나님 앞에 설 때 "저는 탐욕을 구하지 않았습니다."라고 고백하고 싶어하는 것입니다. 죽음의 순간은 모든 것을 버리고 떠나는 순간입니다. "수의에는 주머니가 없다."는 말이 있습니다. '아무것도 가지고 가지 못한다는 것'입니다. 그런데 죽음에 근접해서도 탐욕을 버리지 못하는 인생처럼 추한 삶이 어디 있겠습니까?

바울 사도가 죽음이 가까운 로마의 감옥에서 이런 고백을 합니다. 빌립보서 4장 11절입니다.

"내가 궁핍하므로 말하는 것이 아니니라 어떠한 형편에든지 나는 자족하기를 배웠노니"

이어지는 빌립보서 4장 12-13절의 고백을 들어보십시오.

"나는 비천에 처할 줄도 알고 풍부에 처할 줄도 알아 모든 일 곧 배부름과 배고픔과 풍부와 궁핍에도 처할 줄 아는 일체의 비결을 배웠노라 내게 능력 주시는 자 안에서 내가 모든 것을 할 수 있느니라"

흔히 빌립보서 4장 13절을 '불가능이 없는 삶'으로 해석하는 이들이 있습니다. 그러나 여기 13절의 말씀은 문맥에서 보자면 어떤 상황, 어떤 환경에서도 자족을 배운 삶의 고백입니다. 내가 능력 주시는 자 안에서 자족의 삶을 배웠다는 고백입니다. 바울 사도는 같은 맥락의 말씀을 디모데전서 6장 6-8절에서도 고백하고 있습니다.

"그러나 자족하는 마음이 있으면 경건은 큰 이익이 되느니라 우리가 세상에 아무 것도 가지고 온 것이 없으매 또한 아무 것도 가지고 가지 못하리니 우리가 먹을 것과 입을 것이 있은즉 족한 줄로 알 것이니라"

바울은 자족의 삶이야말로 우리가 배울 경건의 목표라고 말한 것입니다.

이것은 일찍 바울의 주님이신 우리 예수님이 주기도로 가르치신 삶의
모습이 아닙니까? 그는 우리에게 "오늘 우리에게 일용할 양식을 주시옵
고"라고 기도하라고 가르치십니다. 이것은 꼭 최소한의 양식으로 살라
는 뜻은 아닙니다. 일용할 양식의 분량은 사람마다 다를 수가 있습니다.
어떤 이들은 부부만 단둘이 사는 사람도 있고 어떤 이들은 대가족을 거
느린 사람도 있습니다. 여기 '우리에게'라는 복수형을 사용하셨는데 공
동체를 책임져야 하는 사람도 있습니다. 어떤 사람은 하나님의 나라 사
역을 위해 지출할 것이 많은 사람도 있습니다. 과거에 이스라엘 백성들
이 광야 생활을 할 때 하나님은 각자가 필요한 만큼 일용할 양식을 거두
게 하셨습니다. 공산주의식의 배급을 주신 것이 아닙니다. 각자가 자기
의 필요를 판단하고 그만큼 자유롭게 거두게 하신 것입니다. 초대 교회
교인들은 그들이 넉넉한 공급을 받을 때는 누군가를 도우도록 하나님이
주신 것이라고 생각했고 자발적 나눔을 실천했습니다(고후 8:14).

중요한 것은 탐욕과 낭비를 조심해야 하는 것이었습니다. 예수님은 오
병이어의 기적의 현장에서 사람들을 배불리 먹이시면서도 "남은 조각을
거두고 버리는 것이 없게 하라"(요 6:12)고 말씀하십니다. 한 사람이 만나
를 너무 많이 거두고 쌓아두면 벌레가 생기고 부패할 수가 있습니다. 그
래서 청교도들은 과도한 저축도 경계하였고 죽음을 일찍 준비하고 자기
가 거둔 양식이나 재산을 하나님과 이웃을 위해 기부하고 나누는 삶을
격려했습니다. 미국 대륙에 도착한 청교도들이 남긴 가장 큰 유산은 기

부의 전통이었습니다. 그 결과 지금도 미국인의 80-90%는 사회나 교회의 기부 활동에 참여하고 있습니다. 이 모든 기부 정신은 하나님과 이웃에게 우리가 빚진 존재라는 믿음 때문입니다. "세상에 나눌 수 없을 만큼 가난한 사람은 없다"는 말이 있습니다. 얼마 전 성남시에 12억을 기부한 할머니가 있었습니다. 그녀가 사랑한 성구는 "여호와는 나의 목자시니 내게 부족함이 없으리로다"라는 말씀이었다고 합니다. 재산이 꽤 있는 할머니인가 생각했는데 알고 보니 청소와 폐지 줍기 노동을 하면서 저축한 돈이었다고 합니다. 그녀는 성남 행복한 유산 기부 1호가 되신 홍계향 할머니로 90세를 일기로 지난 5월 세상을 떠나셨습니다. 진짜 부자, 진짜 자족의 인생을 사신 분이십니다. 살았을 때 기부하고 홀가분하게 떠나고 싶었다고 이웃들에게 고백하셨다고 합니다.

21

현숙한 여인

잠언 31장 10-13, 28-31절

¹⁰누가 현숙한 여인을 찾아 얻겠느냐 그의 값은 진주보다 더 하니라 ¹¹그런 자의 남편의 마음은 그를 믿나니 산업이 핍절하지 아니하겠으며 ¹²그런 자는 살아 있는 동안에 그의 남편에게 선을 행하고 악을 행하지 아니하느니라 ¹³그는 양털과 삼을 구하여 부지런히 손으로 일하며 … ²⁸그의 자식들은 일어나 감사하며 그의 남편은 칭찬하기를 ²⁹덕행 있는 여자가 많으나 그대는 모든 여자보다 뛰어나다 하느니라 ³⁰고운 것도 거짓되고 아름다운 것도 헛되나 오직 여호와를 경외하는 여자는 칭찬을 받을 것이라 ³¹그 손의 열매가 그에게로 돌아갈 것이요 그 행한 일로 말미암아 성문에서 칭찬을 받으리라

잠언에 가장 많이 등장하는 표현은 '내 아들아'입니다. 부모로서 자녀들에게 전달하고자 하는 레슨이 잠언의 중요 핵심을 이루는 교훈입니다. 그러나 조금 더 넓은 의미에서는 스승이 다음 세대의 제자들에게 가르치는 교훈을 담고 있습니다. 그러나 이 과정에서 우리가 간과하지 말 것이 있다면 어머니의 역할입니다. 자식을 자식 되게 하는 것에서 어머니의 영향을 우리는 배제할 수 없습니다. 그래서 드디어 이 잠언서의 마지막 장에서 여인의 리더십, 혹은 어머니의 리더십을 다루면서 지혜자의 교훈을 마무리합니다. 잠언 31장의 서두는 〈르무엘 왕을 훈계한 잠언〉으로 되어 있습니다. 그렇다면 본문 31장 10절 이하는 르무엘 왕을 왕이 되게 한 그의 어머니에 대한 묘사라고 할 수 있을 것입니다. 본래 본문 31장 10-31절에 이르는 이 대목은 히브리어의 알파벳 순서로 누가 현숙한 여인인가를 22가지의 자격으로 다루고 있습니다. 마치 우리가 배우자의 이상적 자격을 알파벳으로 열거하며 'A-ge, B-eauty, C-haracter, D-iligence, E-conomy …' 하면서 리스트를 만드는 것과 같습니다. 마치 시편 119편이 이런 알파벳으로 문단을 전개하는 것과 같은 기법이라고 할 수 있습니다.

여기 본문이 시작되는 10절에 '현숙한 여인'이 묘사되는데 히브리어로 '하일 이솨'(hayil-ishshah)입니다. 이 표현은 룻기 3장 11절의 "네가 현숙한 여자인 줄을 나의 성읍 백성이 다 아느니라"에 나오기 때문에 본문에 등장하는 여인의 롤 모델이 바로 룻이라고 생각하는 학자들이 많습니다. 우리는 잠시 후에 과연 룻이 이런 자격에 어울리는지를 검증해 보고자 합니다. 그런데 더 흥미로운 사실은 히브리어 성경을 보면 잠언서 다음에 룻기가 배치되고 있다는 것입니다. 즉 잠언 31장 마지막에 현숙한 여인의 자격 리스트를 열거한 다음 룻기가 열리고 있다는 것입니다. 그러니까 이런 자격을 갖춘 여인을 소개하고자 한다고 말하고 룻기가 따라오는 것입니다. 히브리어 알파벳은 모두 22가지로 되어 있어 알파벳에 따라 22가지 자격(알레프, 베트, 김멜, 달레트, 헤, 와우, 자인…이런 식으로 해서 마지막 글자 타우로 끝남)을 열거하고 있습니다만, 이것을 다시 크게 네 가지 영역으로 나누어 누가 현숙한 여인인가를 살펴보고자 합니다. 여기 현숙한 여인의 성경적 리더십의 자질을 탐구해 보겠습니다. 하나님이 사용하시는 현숙한 여인의 성경적 리더십의 자질은 무엇입니까?

1. 유능한 여인입니다

누가 현숙한 여인을 찾아 얻겠느냐 그의 값은 진주보다 더 하니라(잠 31:10)

여기 사용된 단어 '현숙함'에서 우리는 동양적 미덕으로서의 현숙함을 상상하게 됩니다. 그러나 여기 히브리어 하일(hayil)은 오히려 '유능한, 능력 있는'(capable)이란 의미에 가깝습니다. 그래서 오히려 현대 여성들에게 요청되는 능력을 가진 여인이나 아내를 뜻하는 말입니다. 그의 가치는 진주 혹은 루비보다 더하다고 말합니다. 11절을 이어 보십시오.

"그런 자의 남편의 마음은 그를 믿나니 산업이 핍절하지 아니하겠으며"

오히려 여인이지만 가정 경제에도 기여하는 현대적 여성을 더욱 연상하게 합니다. 룻을 생각해 보십시오. 남편의 고향 베들레헴에 돌아온 후 먹을 것이 없는 궁핍함의 상황 속에서 먼저 시어머니에게 룻기 2장 2절에 보면 "내가 밭으로 가서 내가 누구에게 은혜를 입으면 그를 따라서 이삭을 줍겠나이다"라고 능동적 제안을 하고 행동에 나섭니다. 그리고 그렇게 해서 보아스를 만나 자신과 시어머니의 생계 문제를 해결합니다. 룻은 유능한 여인이었습니다. 12절의 말씀을 보십시오.

"그런 자는 살아 있는 동안에 그의 남편에게 선을 행하고 악을 행하지 아니하느니라"

여기서 선과 악의 개념은 도덕적이라기보다 실제적인 삶과 연관하여 유익을 끼치느냐 아니면 손해를 끼치느냐와 연관됩니다. 남편과 가정에 유익을 끼치는 유능한 여인이 곧 현숙한 여인이었던 것입니다.

그 옛날, 여인들은 가정을 지키고 집안에서만 일을 하던 시절에 성경은 유능한 여인의 모습을 제시합니다. 이런 성경적 전통 때문에 이스라엘 여인들은 밖에서 일하는 것을 겁내지 않았고 여성 군인제도를 창설하는데도 선구적이고 적극적이었습니다. 그런데 실제로 창조자 하나님이 하와를 아담의 배필로 지으실 때 돕는 배필로 지으셨습니다. 여기서 돕는다는 것은 소극적 개념이 아닙니다. 하나님은 우리를 도우신다고 할 때 그 개념이 소극적이 아니었던 것과 마찬가지입니다. 점점 더 시대가 발전해 갈수록 세상은 여성의 노동력을 필요로 할 것입니다. 인구절벽을 경험하는 이때에 우리 대한민국도 좀 더 적극적으로 여성 군인 징집 제도를 연구할 필요가 있다고 생각합니다. 문자 그대로 남성과 여성의 협업은 물리칠 수 없는 시대의 경향이 되어 갈 것입니다. 그 대신 가정에서의 남편의 역할도 좀 더 적극적이어야 할 필요가 있을 것입니다. 이런 유능한 여인의 모습을 마지막 25절은 어떻게 증언합니까?

"능력과 존귀로 옷을 삼고 후일을 웃으며"

미래를 준비함으로 오늘을 미소로 살아내는 여인, 이것이 성경적인 현숙함의 이미지인 것입니다.

2. 부지런한 여인입니다

그는 양털과 삼을 구하여 부지런히 손으로 일하며(잠 31:13)

여기 강조된 단어가 부지런함입니다. 여기 사용된 단어는 열심히만 일하는 태도가 아닌 즐겁게 일함을 뜻하는 히브리어 '헤페츠'(hephets)가 사용되고 있습니다. 인간이 일하게 된 것은 타락의 결과가 아닙니다. 인류의 범죄와 타락으로 인해 즐겁게 일해야 할 우리가 고통스럽게 일하게 되었다는 것입니다. 창세기 2장에 보면 하나님은 인류를 창조하신 다음 그들로 에덴동산을 경작하게 하는 일을 맡기셨습니다. 그것은 타락 이전에 이미 주어진 책임이었습니다. 그러나 타락이 이제 그 즐거운 노동을 고통스런 노동으로 변질시키신 것입니다. 그러므로 일하시다가 고통스럽게 느끼시거든 "다 타락 때문이야"라고 독백하십시오. 그리고 이어 내가 구원받은 주의 자녀임을 확신하신다면 이제 "난 즐겁게 일할 수 있어"라고 말하셔야 합니다. 부지런한 사람은 즐겁게 일하고, 즐겁게 일할 줄 아는 사람은 실제로 부지런하게 일하는 것을 보게 됩니다.

본문 14-19절은 부지런한 여인의 일상의 모습을 묘사하고 있습니다.

"상인의 배와 같아서 먼 데서 양식을 가져 오며"(잠 31:14)

제주 도민을 가뭄에서 구해낸 여성 CEO 김만덕을 연상시키는 구절입니다.

"밤이 새기 전에 일어나서 자기 집안 사람들에게 음식을 나누어 주며 여종들에게 일을 정하여 맡기며"(잠 31:15)

"밭을 살펴 보고 사며 자기의 손으로 번 것을 가지고 포도원을 일구며"(잠 31:16)

"힘 있게 허리를 묶으며 자기의 팔을 강하게 하며"(잠 31:17)

"자기의 장사가 잘되는 줄을 깨닫고 밤에 등불을 끄지 아니하며"(잠 31:18)

"손으로 솜뭉치를 들고 손가락으로 가락을 잡으며"(잠 31:19)

이제는 27절 말씀을 보겠습니다.

"자기의 집안일을 보살피고 게을리 얻은 양식을 먹지 아니하나니"

한마디로 그는 부지런한 여인이 아닙니까? 바울은 일찍 데살로니가후서 3장 10절에서 "누구든지 일하기 싫어하거든 먹지도 말게 하라"고 하지 않았습니까? 현숙한 여인은 부지런한 여인입니다. 룻기 2장 7절을 보십시오.

"그의 말이 나로 베는 자를 따라 단 사이에서 이삭을 줍게 하소서 하였고 아침부터 와서는 잠시 집에서 쉰 외에 지금까지 계속하는 중이니이다"

이른 아침부터 저녁까지 잠시의 쉼 시간을 제외하고 부지런히 일하는 모습을 증언하는 말씀입니다. 룻은 현숙한 여인으로 부지런 했던 것입니다.

3. 이웃을 섬기는 여인입니다

그는 곤고한 자에게 손을 펴며 궁핍한 자를 위하여 손을 내밀며(잠 31:20)

현숙한 여인은 곤고한 자, 궁핍한 이웃을 돌아볼 줄 아는 사람이란 말입니다. 한마디로 이웃을 섬기고 돌아보는 여인입니다. 우리는 대부분 평생을 살아가며 자기 일에 빠져 이웃을 돌아볼 여유를 갖지 못하고 살아갑니다. 그러나 바울의 권면, 빌립보서 2장 4절의 말씀을 기억하십니까?

"각각 자기 일을 돌볼뿐더러 또한 각각 다른 사람들의 일을 돌보아 나의 기쁨을 충만하게 하라"

우리는 물론 자기 자신에게 주어진 일을 먼저 책임 있게 처리하며 살아야 합니다. 그러나 세상은 나 자신만이 아닌 이웃들과 더불어 사는 공동체의 삶을 살도록 요청합니다. 그래서 주께서 주기도문을 가르치실 때에도 "오늘날 우리에게 일용할 양식을 주시옵고, 우리가 우리에게 잘못한 사람을 용서하여 준 것 같이 우리 죄를 사하여 주시고, 우리를 시험에 빠지지 않게 하시고…", 여기 주께서 강조하는 '우리'라는 복수형 인칭대명사를 주목하십시오. 우리가 함께 잘 살아가기 위해 우리는 나를 넘어선 이웃들을 주목하고 이웃의 필요를 또한 도우며 살아가야 한다는 것입니다.

이것은 또한 주님께서 강조하신 가장 큰 계명, 명령이기도 합니다. 마태복음 22장 37-39절의 말씀을 다시 기억합니다.

"예수께서 이르시되 네 마음을 다하고 목숨을 다하고 뜻을 다하여 주 너의 하나님을 사랑하라 하셨으니 이것이 크고 첫째 되는 계명이요 둘째도 그와 같으니 네 이웃을 네 자신같이 사랑하라 하셨으니"

그렇습니다. 이웃 사랑은 주님이 둘째로 강조하신 중요한 명령이었습니다. 룻이 자기 고국이 아닌 남편의 땅 유대 베들레헴에서 잘 정착한 중요한 요인의 하나는 그녀가 이웃들에게 좋은 평판을 얻을 수 있었던 때문입니다. 보아스조차도 "네가 현숙한 여자인 줄을 나의 성읍 백성이 다 아느니라"(룻 3:11)고 말하지 않았습니까? 그리고 룻기 4장 11절에 보면 "성문에 있는 모든 백성과 장로들이 이르되", 이 여인이 바로 "이스라엘 집을 세울 여인"이라고 칭찬합니다. 이웃들에게 덕을 세우고 이웃과 더불어 축복을 나눌 줄 알았던 룻과 같은 여인이 바로 현숙한 사람인 것입니다.

4. 하나님을 경외하는 여인입니다

이 칭찬은 마지막에 강조점으로 기록된 가장 중요한 현숙한 여인의 조건입니다.

고운 것도 거짓되고 아름다운 것도 헛되나 오직 여호와를 경외하는 여자는 칭찬을 받을 것이라 그 손의 열매가 그에게로 돌아갈 것이요 그 행한 일로 말미암아 성문에서 칭찬을 받으리라(잠 31:30-31)

'오직 여호와를 경외하는 여자!' 이것이 잠언의 지혜자가 마지막으로 강조하는 가장 중요한 여성 리더십의 조건입니다. 이 자격을 말할 때 여인 룻이야 말로 가장 합당한 조건을 가진 여인이 아니겠습니까? 그녀가 모압 땅에서 베들레헴으로 돌아올 때 너는 네 고향에서 그냥 살아도 좋겠다는 시어머니의 권면에 대한 대답을 기억하십니까?

"룻이 이르되 내게 어머니를 떠나며 어머니를 따르지 말고 돌아가라 강권하지 마옵소서 어머니께서 가시는 곳에 나도 가고 어머니께서 머무시는 곳에서 나도 머물겠나이다 어머니의 백성이 나의 백성이 되고 어머니의 하나님이 나의 하나님이 되시리니"(룻 1:16)

'어머니의 하나님, 나의 하나님!' 이 고백이 룻의 모든 것을 말하지 않습니까?

잠언서에서 가장 중요한 지혜자의 조건이 무엇이었습니까?

여호와를 경외하는 것이 지식의 근본이거늘(잠 1:7)

이 말씀이 잠언서 전체를 관통하는 주제로 반복되고 있습니다. 잠언에서 "여호와를 경외하는 것"이 명사형으로 11번, 동사형으로 4번 등장합니다. 여기 '근본'이란 히브리 단어 '레쉬트'는 시작을 뜻합니다. 시작은 첫 단추를 의미합니다. 하나님을 경외함의 첫 단추가 제대로 되어 있지 않다면 우리의 어떤 리더십의 시도도 성공할 수 없습니다. 첫째도 하나님을 경외함이고, 마지막도 하나님을 경외함입니다. 하나님을 경외한다는 것은 말만의 고백이어선 안 됩니다. 가장 소중한 것을 그분을 위해 드리고 섬길 수 있을 때 그 경외함이 증명되는 것입니다. 아브라함이 독자 이삭을 하나님의 명을 따라 모리아의 제단에 제물로 드리고 칼을 뽑는 순간 하나님이 말씀하십니다.

"사자가 이르시되 그 아이에게 네 손을 대지 말라 그에게 아무 일도 하지 말라 네가 네 아들 네 독자까지도 내게 아끼지 아니하였으니 내가 이

제야 네가 하나님을 경외하는 줄을 아노라"(창 22:12)

롯은 보아스와 결혼하여 얻은 소중한 아들 오벳을 주께 드리고 오벳은 이새를 낳아 정성으로 길러 주께 드리고 이새는 다윗을 낳고 다윗의 후손에서 마침내 예수 그리스도가 오십니다. 과연 이 땅의 여인들은 주의 오심을 준비하며 자녀들을 주께 드려 가장 소중한 하나님 나라의 내일을 준비하고 있을까요? 현숙한 여인 룻처럼 말입니다. 룻을 따르는 여인들이 일어나기를!

22

검으나 아름다운 신부

아가 1장 1-7절

¹솔로몬의 아가라 ²내게 입맞추기를 원하니 네 사랑이 포도주보다 나음이로구나 ³네 기름이 향기로워 아름답고 네 이름이 쏟은 향기름 같으므로 처녀들이 너를 사랑하는 구나 ⁴왕이 나를 그의 방으로 이끌어 들이시니 너는 나를 인도하라 우리가 너를 따라 달려가리라 우리가 너로 말미암아 기뻐하며 즐거워하니 네 사랑이 포도주보다 더 진 함이라 처녀들이 너를 사랑함이 마땅하니라 ⁵예루살렘 딸들아 내가 비록 검으나 아름 다우니 게달의 장막 같을지라도 솔로몬의 휘장과도 같구나 ⁶내가 햇볕에 쬐어서 거무 스름할지라도 흘겨보지 말 것은 내 어머니의 아들들이 나에게 노하여 포도원지기로 삼았음이라 나의 포도원을 내가 지키지 못하였구나 ⁷내 마음으로 사랑하는 자야 네가 양 치는 곳과 정오에 쉬게 하는 곳을 내게 말하라 내가 네 친구의 양 떼 곁에서 어찌 얼굴을 가린 자 같이 되랴

아가서는 저 유명한 솔로몬 왕이 젊은 날에 쓴 사랑의 서사시입니다.
영어로 아가서는 Song of songs, 노래 중의 노래입니다. 열왕기상 4장
32절에 보면 "그가 잠언 삼천 가지를 말하였고 그의 노래는 천다섯 편이
며"라고 했습니다. 그 중에서도 가장 아름다운 사랑의 노래가 이 아가서
에 실려 있습니다. 성경학자 중에는 이 아가서를 남녀 사이의 사랑을 노
래한 순전한 사랑의 희곡 혹은 노래라고만 보는 사람도 있습니다. 그러
나 가장 오래된 교회 전통은 이 아가서를 왕 중의 왕이신 하나님, 혹은
하나님의 아들이신 그리스도께서 인간 특히 믿는 자들의 공동체인 영적
신부 교회를 대상으로 한 사랑의 노래라고 생각해 왔습니다. 그리고 이
것은 솔로몬이 젊은 시절 그가 실제로 사랑했던 한 시골 처녀에 대한 그
의 사랑의 경험에서 비롯된 것이라고 보기도 합니다. 그러나 많은 학자
들은 아가서의 성격이 시가로 되어있기에 이것은 솔로몬의 사랑의 환상
속에서 빚어진 다소 가상적 사랑의 노래로 보기도 합니다. 여기 솔로몬
왕의 사랑의 대상인 여인의 이름은 술람미인데 그 뜻은 솔로몬의 여인(여
성형)이란 의미이기도 합니다.

　본문 1절을 보십시오.

"솔로몬의 아가라"

여기서 아가는 '노래 중의 노래'(The song of songs)라는 뜻입니다. 이 책의 주제를 말하는 것입니다. 인간은 노래하는 존재입니다. 그런데 왜 인간은 노래를 하는 것일까요? 여러 가지 대답이 시도되었습니다. 우리가 노래할 때 우리의 뇌에서 쾌감을 느끼는 신경물질이 전달된다고 말합니다. 생물학적 대답이라고 할 수 있을 것입니다. 또 다른 대답은 인간이 힘든 일이나 고통스런 상황에 처할 때 그것을 극복하는 힘을 노래가 제공하기 때문이라고 합니다. 일종의 사회학적 대답이라고 할 수 있을 것입니다. 그런데 러시아의 한 음악가가 청력을 상실하는 불치병을 앓으면서도 연주활동을 포기하지 않기에 그 이유를 물었다고 합니다. 그는 조용히 이렇게 대답했다고 합니다.

"확실한 것은 세상에는 음악으로만 전달할 수 있는 감정이 있기 때문이지요."

그래서 다시 물었다고 합니다.

"그 감정은 무엇일까요?"

그가 미소를 흘리며 대답합니다.

"사랑이지요."

역시 음악하는 사람의 대답이 제일 설득력이 있지 않습니까? 우리가 노래하는 이유, 사랑하고 싶어서입니다. 그렇습니다. 노래 중의 노래는 사랑의 노래입니다. 인간이 모든 것을 포기해도 마지막까지 포기할 수 없는 것은 사랑입니다. 가수 왁스의 노래 중에 〈사랑하고 싶어〉란 노래가 있었습니다.

My Love my faith 넌 내 곁에서 멀어져 갔지만

나는 너를 그렇게 쉽게 보낼 수가 없어

…

My heart my dream 넌 벌써 나를 잊은지 몰라도
아직 나는 널 내 곁에서 보낼 수가 없어

이런 포기할 수 없는 사랑의 본능은 도대체 어디서 온 것일까요? 누가 우리 마음에 이런 사랑의 본능을 주신 것일까요?

성경의 요한일서 4장 8절이 그 대답을 들려줍니다.

"사랑하지 아니하는 자는 하나님을 알지 못하나니 이는 하나님은 사랑이심이라"

오늘 우리는 젊은 솔로몬 왕의 사랑의 노래를 통해 노래할 수밖에 없는 인간의 사랑의 비밀을 본문의 노래를 통해 풀어보고자 합니다. 본문의 시가(노래)는 사랑에 대한 무엇을 가르치고 있습니까?

1. 우리를 찾아오시는
사랑의 존재가 있다는 것입니다

3절에 보면 우리를 찾아오시는 그분은 두 가지 선물을 가지고 오시는 것을 알 수 있습니다.

"네 기름이 향기로워 아름답고 네 이름이 쏟은 향기름 같으므로 처녀들이 너를 사랑하는구나"

우선 우리를 사랑하시는 그분의 정체는 기름이 향기로운 분이십니다. 우리는 그분을 그리스도라고 부릅니다. 그리스도(Christ)라는 말의 뜻이 '기

름 부음을 받은 이'(Anointed one)라는 뜻입니다. 사도행전 10장 38절에 보면 "하나님이 나사렛 예수에게 성령과 능력을 기름 붓듯 하셨으매 그가 두루 다니시며 선한 일을 행하시고 마귀에게 눌린 모든 사람을 고치셨으니 이는 하나님이 함께 하셨음이라"고 증언합니다. 그가 지니신 향기로운 기름으로 그는 병든 자를 고치시고 죄인들을 구원하십니다. 그가 이 땅에 탄생하셨을 때 그의 이름은 예수라고 불리었습니다. 예수는 구원자(Saviour)라는 뜻입니다. 사도행전 4장 11-12절의 말씀을 보겠습니다.

"이 예수는 너희 건축자들의 버린 돌로서 집 모퉁이의 머릿돌이 되었느니라 다른 이로써는 구원을 받을 수 없나니 천하 사람 중에 구원을 받을 만한 다른 이름을 우리에게 주신 일이 없음이라"

하나님이 보내신 그리스도(기름 부음 받으신 이)는 또한 그의 이름을 우리에게 선물로 주시고자 찾아오신 것입니다. 그리스도인이 되면 그들은 예수의 이름을 찬양하고 예수의 이름으로 기도하고, 예수의 이름을 증거합니다.

지구촌교회가 운영하는 가평 필그림 하우스에 가면 천로역정 순례길이 있습니다. 그 길을 걷다보면 〈해석자의 집〉에 도착하게 됩니다. 거기에 보면 사람의 마음에 구원에 대한 구도의 갈망이 마음속에 불꽃처럼 타오르고 있는데 이 불꽃을 끄려는 존재가 보입니다. 그 존재가 마귀입니다. 사탄 마귀는 사람들이 구원받는 것을 원하지 않습니다. 그래서 우리 마음속에 타오르는 구도의 불꽃을 끄려고 합니다. 그런데 불길이 꺼지지 않습니다. 그 이유는 뒤편에 돌아가 보면 누군가가 우리 마음에 계속 기름을 붓고 있는 분이 계십니다. 그분이 바로 그리스도이십니다. 자신이 이미 하나님으로부터 기름 부음을 받으신 그분은 이제 그에게 찾아오는 인생들에게 자신 안에 있던 기름을 부어주고자 하십니다. 그러므로 우리가 구원자 예수를 마음속에 영접하는 순간 우리는 기름 부음을 받은 그리스도인이 되는 것입니다. 그리고 우리는 이제 예수 그리스도를 믿는 자로 살아가게 됩니다. 여러분, 등잔에 기름이 부어지면 어떻게 됩니까? 빛이 납니다. 우리는 어둠 속에 거할 필요가 없습니다. 요리할 때 기름을 넣으면 어떻게 됩니까? 맛이 납니다. 우리는 예수를 그리스도로 믿는 순간부터 맛있는 인생, 살맛 나는 인생을 살게 됩니다. 그것이 우리가 블레싱 잔치를 열고 여러분을 초대한 이유이기도 합니다. 여기 우리에게 참된 사랑을 갖고 찾아오는 존재, 그의 이름이 예수 그리스도이십니다.

2. 왕의 은밀한
사랑의 초대를 소개합니다

본문의 사랑의 노래는 인생들에게 왕 중의 왕이신 하나님의 은밀한 사랑의 초대를 소개하고 있습니다. 2절을 보실까요?

내게 입맞추기를 원하니 네 사랑이 포도주보다 나음이로구나

우리가 예수를 믿는다는 것은 예수님과 입맞춤하게 되는 것입니다. 성경에 보면 가룟 유다라는 예수를 배신한 제자가 예수의 뺨에 입맞춤한 것을 볼 수가 있습니다. 마리아라는 이름의 여제자는 예수님의 발에 입을 맞추었습니다. 그러나 여기 본문의 여인은 그의 입의 입맞춤으로 내게 입맞춤하기를 원한다고 말합니다. 그것은 신랑과 신부의 입맞춤인 것입니다. 그런데 놀랍게도 왕은 그것을 허락합니다. 중세기의 클레르보의 베르나르드(Bernard of Clairvaux)란 수도사 신학자는 예수가 하나님의 아들

이신데 인간의 아들로 세상에 육신을 입고 이 땅에 오신 이유가 바로 자기를 믿는 인생들과 입맞춤하기를 원해서라고 말합니다. 거기서 끝나지 않습니다. 이제 4절의 말씀을 보십시오.

왕이 나를 그의 방으로 이끌어 들이시니 너는 나를 인도하라 우리가 너를 따라 달려가리라 우리가 너로 말미암아 기뻐하며 즐거워하니 네 사랑이 포도주보다 더 진함이라 처녀들이 너를 사랑함이 마땅하니라

그의 사랑은 입맞춤에서 끝나지 않고 그의 침실로 우리를 인도합니다. 우리와 하나가 되기 위해서입니다. 그는 우리를 일회용 사랑의 소비자가 아닌 영원한 그의 신부로 삼고자 하시는 것입니다.

시편 기자는 우리가 하나님을 믿기로 했을 때의 특권을 이렇게 노래합니다.
"지존자의 은밀한 곳에 거주하며 전능자의 그늘 아래에 사는 자여,"(시 91:1)
그렇습니다. 예수를 그리스도로, 구주와 주님으로 믿는 순간 우리는 주님의 영적 신부가 되는 것입니다. 우리는 이제 왕의 신방 혹은 침궁에 들어가 그와 영적으로 하나가 되어 살아가는 것입니다. 우리들 신자가 그와 영적으로 하나된 관계를 가장 잘 설명해주는 성경이 요한복음 15장입니다.
"내 안에 거하라 나도 너희 안에 거하리라 가지가 포도나무에 붙어 있지 아니하면 스스로 열매를 맺을 수 없음같이 너희도 내 안에 있지 아니하면 그러하리라"(요 15:4)
"아버지께서 나를 사랑하신 것 같이 나도 너희를 사랑하였으니 나의

사랑 안에 거하라"(요 15:9)

이런 사랑의 친밀한 관계를 묘사할 때 영어로 intimacy라는 표현을 사용합니다. 오늘 천지를 창조하신 하나님이 그리고 그의 아들로 십자가에서 우리를 위해 죽으시고 다시 부활하신 분 예수 그리스도가 여러분과 저를 사랑의 침실로 초대하십니다. 그토록 우리와 intimacy한 친밀한 사랑의 관계를 맺고 싶어 하십니다. 이 사랑의 초대를 거절하시겠습니까?

3. 우리의 새로운 이중적 정체성을 노래합니다

이제 우리가 이렇게 우리를 사랑하사 찾아오시는 왕의 초대를 허락하는 순간 우리는 이중의 정체성을 갖게 된다고 노래합니다. 본문 5절에서의 여인의 고백을 들어보시기 바랍니다.

> 예루살렘 딸들아 내가 비록 검으나 아름다우니 게달의 장막 같을지라도 솔로몬의 휘장과도 같구나

여기 여인이 증인이 되어 달라고 부르고 있는 예루살렘의 딸들은 이미 세상의 순례길을 마치고 하늘에 가 있는 영적 예루살렘 혹은 하늘의 예루살렘의 여인들일 것입니다. 그들은 누구보다 "나는 검으나 아름답다"는 이 여인의 고백의 의미를 잘 알고 있는 사람들이기 때문입니다. 모든 인생은 왕이신 하나님 앞에 서는 순간 검은 존재, 죄성과 부패성을 지닌 죄인임을 알게 됩니다. 그러나 왕의 사랑을 받으면서 그는 이제 자신이 왕의 아름다운 신부가 되었음을 깨닫습니다. 이것을 종교 개혁자 마

틴 루터는 예수를 구주와 주님으로 믿게 된 신자들은 "성도이면서 죄인이다"는 말을 했습니다. 우리가 예수 믿고 죄사함을 받았지만 죄의 얼룩진 흔적은 여전히 남아있는 검고 어두운 존재들입니다. 그럼에도 불구하고 이제 예수 안에 하나님 안에 사는 자들을 하나님은 아름답다고 의인이라고 성도라고 불러 주십니다. 이것이 바로 우리의 이중적 정체성입니다. 그분은 우리가 세상의 포도원 지기로 사는 동안 별수 없이 내리쬐는 햇빛으로 검게 탈 수밖에 없는 것을 이해해 주신다고 말씀하십니다. 그것이 6절의 말씀입니다. 그리고 다시 7절의 초대를 베풀어 주십니다.

"내 마음으로 사랑하는 자야 네가 양치는 곳과 정오에 쉬게 하는 곳을 내게 말하라 내가 네 친구의 양떼 곁에서 어찌 얼굴을 가린 자 같이 되랴"

아무것도 부끄러워 할 필요가 없다는 것입니다. 나는 이제 있는 모습 그대로 그대를 나의 신부로 받아주겠다는 것입니다. 이제 내 안에서 안식하라는 것입니다.

여러분, 유명한 우리 시대의 뮤지컬 〈오페라의 유령〉의 마지막 장면을 기억하십니까? 마스크를 쓰고 지하세계에 살던 유령을 주인공 크리스틴이 찾아와 가면을 벗기고 키스를 하던 순간, 그 입맞춤을 하며 유령은 크리스틴을 둘러싼 사랑의 라이벌 라울에 대한 모든 적의, 증오를 내려놓고 크리스틴을 보내 주면서 "I Love you"하지 않습니까? 우리도 유령처럼 그동안 어두운 지하세상에서 우리의 재능을 잘못 소비하며 이웃들을 원망하고 증오하고 시기하며 살던 인생들이 아닙니까? 그런데 하나님의 아들 예수께서 우리를 찾아와 우리를 안아주실 때 그리고 그의 조건 없는 사랑을 느끼고 그와의 입맞춤을 경험하는 순간 우리는 비로소 그동안 쓰고 다닌 그 불편한 위선의 마스크를 벗어도 안전한 것을 느끼지 않습니까? 성경에 유명한 〈돌탕(돌아온 탕자)〉의 이야기에서 아버지를 떠났다가 돌아온 아들을 아버지는 어떻게 맞이하십니까?

"아버지가 그를 보고 측은히 여겨 달려가 목을 안고 입을 맞추니"

(눅 15:20)

그렇습니다. 그리고 이제 안심하라고 이제 너는 내 품에 있는 것이라고 그리고 난 너를 푸른 초원 잔잔한 시냇가로 너를 인도하겠다고 말씀하십니다. 넌 이제부터 진짜 사랑, 하늘의 사랑을 경험하게 될 것이라고 우리의 왕은 우리에게 말씀하십니다. 이제 그분은 우리에게 이제 이 진짜 사랑, 위대한 사랑을 시작하자고 말씀하십니다. 이 사랑의 초대를 거절하시겠습니까?

23

가시나무 중에 백합화

아가 2장 1-11절

¹나는 사론의 수선화요 골짜기의 백합화로다 ²여자들 중에 내 사랑은 가시나무 가운데 백합화 같도다 ³남자들 중에 나의 사랑하는 자는 수풀 가운데 사과나무 같구나 내가 그 그늘에 앉아서 심히 기뻐하였고 그 열매는 내 입에 달았도다 ⁴그가 나를 인도하여 잔칫집에 들어갔으니 그 사랑은 내 위에 깃발이로구나 ⁵너희는 건포도로 내 힘을 돕고 사과로 나를 시원하게 하라 내가 사랑하므로 병이 생겼음이라 ⁶그가 왼팔로 내 머리를 고이고 오른팔로 나를 안는구나 ⁷예루살렘 딸들아 내가 노루와 들사슴을 두고 너희에게 부탁한다 내 사랑이 원하기 전에는 흔들지 말고 깨우지 말지니라 ⁸내 사랑하는 자의 목소리로구나 보라 그가 산에서 달리고 작은 산을 빨리 넘어오는구나 ⁹내 사랑하는 자는 노루와도 같고 어린 사슴과도 같아서 우리 벽 뒤에 서서 창으로 들여다보며 창살 틈으로 엿보는구나 ¹⁰나의 사랑하는 자가 내게 말하여 이르기를 나의 사랑, 내 어여쁜 자야 일어나서 함께 가자 ¹¹겨울도 지나고 비도 그쳤고

사랑의 노래는 이중창일 때 가장 아름답습니다. 한 사람이 노래로 사랑을 표현할 때 사랑에 빠져 있는 또 다른 연인이 사랑으로 화답하는 모습은 사랑의 하모니를 숭고하게 만드는 것입니다. 유명한 오페라 곡에는 종종 사랑의 이중창이 등장하여 사람들의 마음을 황홀하게 합니다. 베르디의 오텔로 1막 〈밤의 정적 속으로〉도 그런 노래 중의 하나가 될 것입니다.

(오텔로) 어둠이 깊어가고 모든 소란은 고요해졌으니 이제 성난 내 마음은 당신 품에서 평화와 고요의 안식을 찾는도다.

(데스데모나) 나의 훌륭한 용사여 지독한 고통, 깊고 깊은 한숨과 높고 높은 바람이 우리의 기쁜 만남을 방해해 왔소. 오, 이제 이렇게 속삭일 수 있다니 너무 좋아요.

(오텔로) 당신은 내가 겪은 위험들도 사랑했소. 그것들을 불쌍히 여겨주는 당신을 나는 사랑했소, 이제 난 죽어도 여한이 없소.

이 오텔로는 베르디의 비극적 오페라 중에서 이 사랑의 듀엣으로 인하여 성숙한 사랑의 간절한 열정을 절실하게 전달하고 있다고 평가됩니다. 사랑함에도 불구하고 사랑의 화답을 경험하지 못하고 홀로 노래를 불러야 한다면 그것은 고독한 독백의 노래요, 한 서린 슬프고 외로운 노래가 될 것입니다. 그래서 사랑은 우리에게 듀엣의 화답을 요청합니다.

그런데 오늘 솔로몬의 연가 아가서 제2장은 이런 사랑의 듀엣으로 시작되고 있습니다. 먼저 여인 술람미가 노래합니다. 1절입니다.

(소프라노) 나는 샤론의 수선화요 골짜기의 백합화입니다.

그러자 2절은 솔로몬 왕의 응답의 노래입니다.

(테너) 여자들 중에 내 사랑은 가시나무 가운데 백합화 같습니다.

3절은 다시 술람미 여인의 노래입니다.

(소프라노) 남자들 중에 나의 사랑하는 자는 수풀 가운데 사과나무 같습니다.

여기 1절에서 술람미 여인은 자신을 샤론의 수선화(Rose of Sharon)라 합니다. 영어로 rose, 장미라고 번역했습니다만 원어에는 '하바제레트'(habatstseleth)로 그냥 들꽃을 의미하는 단어입니다. 지금도 이스라엘 성지순례를 가서 가이사랴에서 갈멜산 쪽으로 북상하며 지중해 연안 평원을 달리다 보면 그곳 지명이 지금도 샤론이라는 것을 알게 됩니다. 그 평원에는 수선화를 위시한 수많은 들꽃들이 피어나 있는 것을 발견합니다. 여기 술람미 여인의 "나는 샤론의 수선화"란 말은 샤론 평원에 지천으로 피어 있는 이름 모를 수많은 들꽃 중에 하나요, 골짜기의 백합화의 하나라는 겸손한 고백인 것입니다. 그러나 솔로몬 왕은 그녀에게 2절에서 "여자들 중에 내 사랑은 가시나무 가운데 백합화 같도다"라고 말합니다. 너는 들꽃이라 할지라도 특별한 들꽃이고, 백합화라 할지라도 특별한 백합화라는 것입니다. 본문의 노래가 가르치는 인간 실존의 모습과 그런 인간을 찾아오시는 왕이신 하나님의 초대를 소개하고자 합니다.

1. 우리는 가시나무 중에 살아왔음을 알아야 합니다

여자들 중에 내 사랑은 가시나무 가운데 백합화 같도다(아 2:2)

여러분은 가시나무하면 무엇이 먼저 연상되십니까? 가시에 찔리는 아픔이 먼저 생각나지 않으시는지요? 성경에 보면 가시덤불과 엉겅퀴는 첫 인간 아담의 타락과 연관되어 있습니다. 창세기 3장 18절의 말씀을 보겠습니다.

"땅이 네게 가시덤불과 엉겅퀴를 낼 것이라 네가 먹을 것은 밭의 채소인즉"

이 말씀은 첫 사람 아담이 범죄하고 타락한 후에 받아야 할 형벌의 일부였습니다. 아담의 범죄로 말미암아 아름다운 자연도 우리에게 해를 끼치는 저주를 받게 된 것입니다. 신약 히브리서 6장 8절 말씀을 보겠습니다.

"만일 가시와 엉겅퀴를 내면 버림을 당하고 저주함에 가까워 그 마지막은 불사름이 되리라"

가시와 엉겅퀴는 인간의 범죄와 타락의 실존의 상징이 된 것입니다.

마태복음 13장에서 예수께서는 하나님 나라의 확장을 씨 뿌리는 비유로서 말씀해 주셨습니다. 이제 마태복음 13장 7절을 보실까요?

"더러는 가시떨기 위에 떨어지매 가시가 자라서 기운을 막았고"

다시 마태복음 13장 22절에서 이 비유에 대한 예수님의 해석을 들어 보십시오.

"가시떨기에 뿌려졌다는 것은 말씀을 들으나 세상의 염려와 재물의 유혹에 말씀이 막혀 결실하지 못하는 자요"

여기 다시 가시는 인간 죄악의 상징으로 말씀의 결실을 방해하는 것들을 보여주고 있지 않습니까?

여기 솔로몬이 그 사랑하는 여인에게 그대는 지금까지 가시나무 중에서 존재하여 왔다는 것은 이런 인간 타락의 골짜기에서 살아왔다는 것을 보여주려 한 것입니다. 우리 시대의 한 설교가는 타락한 현대인의 실존을 고슴도치에 비유하기도 했습니다. 고슴도치는 고독한 존재입니다. 홀로 다닙니다. 사자도 호랑이도 코끼리도 사슴도 엘크도 양도 떼를 지어 다닙니다. 그런데 고슴도치는 대부분 혼자 다닙니다. 그러나 참을 수 없는 고독이 밀려오면 다른 고슴도치를 만나러 찾아갑니다. 그런데 한 고슴도치가 다른 고슴도치를 만나는 순간 사고가 발생합니다. 그 등에 지니고 다니는 수많은 바늘로 상대를 찌르고 자신도 찔림을 당합니다. 우리는 다 고슴도치와 같은 실존입니다. 찌르고 찔리면서 상처를 주고 상처를 받으며 살아갑니다. 그런데 이런 우리도 만물의 왕이신 하나님을 만나고 하나님과의 사랑에 빠지면 우리의 실존이 달라집니다. 가시나무 중에 있어 찌르고 찔림을 받던 우리가 백합의 향기를 전달하는 존재, 가시나무 중에 백합화가 될 수 있다는 것입니다. 이 얼마나 복음입니까?

신약 누가복음 8장 2절에 보면 예수를 따르는 여인 중 일곱 귀신이 나간 자 막달라인이라 하는 마리아가 있었다고 기록합니다. 일곱 귀신에게 조종당하며 어둠의 세월을 살아온 여인이었습니다. 그런데 그녀가 회심한 후에 어떻게 달라졌습니까?

"그 동네에 죄를 지은 한 여자가 있어 예수께서 바리새인의 집에 앉아 계심을 알고 향유 담은 옥합을 가지고 와서"(눅 7:37)

다음 절에 보면 눈물로 예수님의 발을 적시고 자기 머리털로 닦고 그 발에 입 맞추고 향유를 부었다고 기록합니다. 많은 성경학자들은 이 여인이 바로 막달라 마리아였을 것이라고 생각합니다. 그녀는 후일 교회전승에 의하면 하나님이 귀히 쓰시는 교회 여성 지도자가 됩니다. 막 달라던 마리아가 막 주는 마리아로 변화된 것입니다.

2. 우리를 사과나무 그늘로 초대하는 분이 계십니다

본문 3절에서 이제 이 여인의 노래를 들어 보십시오.

남자들 중에 나의 사랑하는 자는 수풀 가운데 사과나무 같구나 내가 그 그늘에 앉아서 심히 기뻐하였고 그 열매는 내 입에 달았도다

누구를 말하는 것입니까? 술람미에게 사랑을 베푼 왕을 말하는 것입니다. 그런데 그는 사과나무 같다고 노래합니다. '타푸아흐'(tappuach), 이 사과나무는 병을 고치는 나무로 알려져 있었습니다. 건강의 상징이고 새로운 삶의 상징이었습니다. 유대인들은 새해가 오면 사과 열매를 꿀에

찍어 나누며 "Happy new year!"(Shana Tova!) 합니다. 만왕의 왕으로서 나 같은 가시인생도 골짜기의 백합화 되도록 인간의 골짜기에 오사 한 그루 의 사과나무가 되어 그 그늘을 펼쳐 주시고 "수고하고 무거운 짐 진 자들 아 다 내게로 오라 내가 너희를 쉬게 하리라"(마 11:28)고 초대하십니다.

그는 안식의 그늘을 제공하시고 또한 생명의 열매를 제공하십니다. 그리고 우리는 그늘에 앉아 심히 기뻐합니다. 그렇습니다. 그는 우리에게 '심히 기뻐함'(great delight)을 선물로 주십니다. 지금까지 우리가 한 번도 경험해 보지 못한 영적 기쁨이 우리에게 선물로 제공됩니다. 요한복음 15 장에서 예수님은 우리가 그분과 하나가 될 때 누리는 연합의 축복을 제시합니다. 우리가 참 포도나무 되신(아가서에는 사과나무) 그리스도에게 그의 가지가 되어 붙어 있게 되면 맺게 될 열매를 약속하십니다. 요한복음 15장 11절입니다.

"내가 이것을 너희에게 이름은 내 기쁨이 너희 안에 있어 너희 기쁨을 충만하게 하려 함이라"

이런 기쁨이 필요하지 않으신가요? 예수님의 제자인 사도 바울은 어느 날 감옥 안에서 그를 따르는 제자들에게 이런 편지를 씁니다. 빌립보서 4장 4절입니다.

"주 안에서 항상 기뻐하라 내가 다시 말하노니 기뻐하라"

감옥이 그리고 감옥의 쇠사슬이 그에게서 빼앗아 가지 못한 기쁨이 있었던 것입니다. 아가서에 의하면 가시의 찔림도 빼앗지 못한 기쁨이 그에게 주어진 것입니다.

오래전부터 우리는 이런 기쁨을 이런 복음성가(만족함이 없었네, 최영택 사/곡)

로 노래해 왔습니다.

사람을 보며 세상을 볼 땐 만족함이 없었네
나의 하나님 그분을 뵐 때 나는 만족하였네
저기 빛나는 태양을 보라
또 저기 서 있는 산을 보아라
천지 지으신 우리 여호와 나를 사랑하시니
나의 하나님 한 분 만으로 나는 만족하겠네
이런 고백을 드릴 수 있기를 축복합니다.

3. 그는 우리를 축제의 새 삶으로
초대하고 계십니다

그가 나를 인도하여 잔칫집에 들어갔으니 그 사랑은 내 위에 깃발이로구나(아 2:4)

이제 축제가 잔치가 시작됩니다. 성경은 하나님 나라를 자주 잔칫집에 비유하고 계십니다. 누가복음 14장 15-16절에서 예수께서는 이렇게 말씀합니다.

"무릇 하나님의 나라에서 떡을 먹는 자는 복되도다 하니 이르시되 어떤 사람이 큰 잔치를 베풀고 많은 사람을 청하였더니"

그렇습니다. 예수 그리스도께서는 지금도 잔치를 베풀고 많은 사람들을 초대하고 계십니다. 오늘 당신은 그 초대받은 사람 중에 한 분이십니다. 이제 이 잔칫집의 초대를 수락하고 잔칫집으로 들어오지 않으시겠습니까? 이 잔칫집 위에는 깃발이 휘날리고 있습니다. 여기 '기'는 히브리어로 데겔(degel)로서 '덮는다, 보호한다'는 뜻이 있습니다. 이 잔칫집에 들어오는 순간부터 여호와 하나님, 그 아들 예수 그리스도의 사랑스런 보호가 시작됩니다. 그는 이 세상을 떠나시기 전에 그를 따르는 제자들에게 이렇게 언약하셨습니다.

"볼지어다 내가 세상 끝날까지 너희와 항상 함께 있으리라 하시니라"(마 28:20)

그와 함께 있으면 어떻게 될까요?

다시 아가서로 돌아오겠습니다. 5-6절입니다.

"너희는 건포도로 내 힘을 돕고 사과로 나를 시원하게 하라 내가 사랑하므로 병이 생겼음이라 그가 왼팔로 내 머리를 고이고 오른팔로 나를 안는구나"

필요한 새 힘을 북돋아 주시겠고, 우리를 안아주시겠다는 것입니다. 왼팔로 베게를 해주시고 오른 팔로 안아주시겠다고 하십니다. 가장 편하고 가장 진한 포옹과 안식의 자세가 아닙니까? 사랑하므로 병이 생긴 것처럼 그가 우리의 필요를 공급하고 우리를 안아주고 보호하시겠다는 것입니다. 10절에서 이 사랑의 안식을 취한 후 우리에게 일어나 새 축복의 땅을 향해 나아가자고 초대하십니다.

"나의 사랑하는 자가 내게 말하여 이르기를 나의 사랑, 내 어여쁜 자야 일어나서 함께 가자"

일어나 새 역사, 새 봄을 향하여 떠나지 않으시겠습니까? 11절은 겨울도 곧 그치고 비도 곧 그친다고 약속하십니다.

스페인의 아빌라 마을 한 수도원에서 기도하던 여 수사에게 하나님의 은혜가 임했습니다. 하나님이 그녀를 얼마나 사랑하는지 가슴이 벅차도록 뜨거운 불화살이 그녀의 심장을 태우는 경험을 하게 됩니다. 자기도 모르게 이런 기도를 했다고 합니다.

"하나님, 그만 하셔요 그만 은혜를 주셔도 되요. 전 이제 하나님 한 분만으로 만족합니다."

"Solo dios basta!"(God alone suffices!/God alone is enough!)

이 여인의 이런 고백을 통해 아름다운 떼제 찬송 하나가 태어납니다.

어느 것에도 마음 흔들리지 말라
무엇에도 걱정하지 말라
하나님을 지닌 자 부족함이 없나니
어느 것에도 마음 흔들리지 말라
무엇에도 걱정하지 말라
하나님만으로 만족하여라

목회의 짐으로 마음이 무거웠던 어느 해(2001년) 목회를 포기하고 싶은 마음까지도 있었던 때, 프랑스 떼제 공동체로 날아가 조용히 침묵으로 기도하던 저에게 변함없는 주님의 사랑이 확인되어 오던 순간 저는 모든 짐을 내려놓고 울먹이며 고백했던 날이 생각납니다.

"하나님만으로… 예수님만으로 만족합니다."

그날 하나님은 아가서의 말씀으로 말씀하셨고 저는 그날 아가서 말씀을 붙들고 그 동산을 내려와 새 힘을 얻고 목회의 자리로 돌아올 수 있었습니다.

너희는 솔로몬에게 배우라

나의 사랑, 내 어여쁜 자야

일어나서 함께 가자

겨울도 지나고 비도 그쳤고

(아 2:10-11)